千年ノート

Sennen Note

人生をひらく
王道の法則

岡西導明 風水冒険家

実業之日本社

はじめに

私のはじめての著書である『千年ノート』を出版してから、約７年が経ちました。その間、全国に広がる仲間たち、たくさんの方々からご好評をいただき、心から感謝しています。ありがとうございます。

今回、みなさんからいただいた疑問や改善点をはじめ、新しい気づきや発見なども盛り込み、内容をグレードアップして出版する運びとなりました。

とはいえ、大切なこと、**大事なことは決して変わるものではありません。『千年ノート』の原点であるエネルギーはそのままに、**さらなるブラッシュアップを加えたのが本書です。

みなさんは、レオナルド・ダ・ヴィンチが歴史に残る「メモ魔」だったことはご存知でしょうか。

１万ページを超える手稿に遺《のこ》されていたのは、絵画の手法や建築の設計図、数学、解剖学、スケッチ、日々のメモなど、あらゆる事象に渡っており、彼ほど好奇心と探求心があった人は歴史上に類を見ません。

彼のノートは常に進化していました。既に書かれたページを修正したり、追記したり、何十年も前に書いたノートにさえ修正が加えられていたといいます。

関連性を追い続けること、探求心を持ち続けること。これこそが思考を現実化する能力を開花させる、最大のテクニックなのです。

そして、彼が知っていたのは、

「あらゆるものは他のあらゆるものと関連する」

ということでした。

ダ・ヴィンチが天才だったのは、このことを信じ続け、そして無限に世界が広がるノートを作ることができたからなのだ、と確信しています。

私は20年以上前からさまざまなタイプの手帳を試行錯誤し、研究を重ねて使ってきました。

目標設定ノートとして人気の手帳を愛用していた時期があります。タイムマネージメントについて綿密に考えられており、これまでにない素晴らしい手帳でした。

しかし私は、使いこなそうとすればするほど「使えない自分」に苛《いら》立《だ》ちました。その手帳の特徴である「目標設定」がうまくできなかったのです。

今ならはっきりビジョンが見えているので使いこなす自信はありますが、当時はどう使えばいいのかわからなかった。

使いこなせないと白紙のページが増えていきます。若かった私は単に「もったいない」と思ってしまい、また風水師として占術のさまざまな資料を持ち歩くためのカスタマイズをはじめました。

そうして試行錯誤していくうちに、出会ったのがモレスキンの無地のノートでした。

フォーマット化されたノートでは、物事を枠の中に押し込んでいくという作業になりますが、無地のノートはその逆で、発想が自由になり、思考が無限に広がっていきます。

私はこの感覚に、はじめて気がつき、またそのことが、意識をコントロールしはじめることを知りました。

ピカソやゴッホ、ヘミングウェイが愛したというこのノートを使いはじめたことから、私の身に奇跡が起こりはじめます。

このノートを私は「千年ノート」と名付けました。

伊勢神宮には神々しい美しさがあります。なぜ美しいのでしょうか。それは、究極のシンプルだからです。木を切って神殿を建て、時がたてば土に戻す。そしてまた木が育つ。この宇宙のリズムによってできているからです。

このノートには、悠久の時を超えて受け継がれてきた、神社の考え方が取り入れられています。神社には「こうあるべき」「こうしなければならない」というルールはありません。手を合わせて祈る者が自分と向き合い、自由にそのメッセージを受け取ります。

「千年ノート」も同じです。神様にいつでもどんな場所でも手を合わせ、感謝をする。そのことが意識とつながり、幸せを引き寄せる無限のパワーであることを、先人たちも知っていたのです。

夢を叶《かな》える方法は「意識が広がり、コントロールできるノートを作る」こと。

このことができるようになると、人生が激変します。

意識が広がっていくとは何でしょうか。それは、楽しいことや、自分の夢を集めていくことで、想像力や可能性が広がり、自分の夢に制限がなくなることです。

ノートが増えていくうちに、意識の場所が変わり、気づいた時には現実世界さえも変えてしまう力を持つことがわかりました。

やがてノートはエネルギーとなり、意識がこのノートの中に入っていきます。**自分を信じ、ノートと信頼関係を結ぶことができた時、ノートは必ず自分のエネルギーに変化します。**

本書では、風水師である私の知識を詰め込み、ノートの意味や作り方について、実例をサンプルに解説します。

幸せになるために、自分は何を信じていくのか。

その何かを見つけるためのひとつの方法が、ノートに夢と感謝と感動、そしてわくわくすることを書くこと。

遊び感覚ではじめてください。**「楽しい」「笑顔」「感動する」「感謝する」。これらの単純なことができるようになった時に、未知なる力がそっと近寄ってくるのがわかるはずです。**

「あらゆるものは他のあらゆるものと関連する」

夢は何にでもつながっています。願うことで、それは手元に届くようになっています。

この本を読み終える頃には、夢がひとつ叶います。
「幸せになる方法がわかった」という、最初の一歩です。

2020年　2月

風水冒険家　岡西導明

千年ノート 人生をひらく王道の法則 目次

ありがとう おめでとう

おかあさん
悠久の大河

Prologue

地球が私の住所

世界中を飛び回り、
もっとたくさん世界を見てみたい！
この時代に生まれた特権を生かし、
人生をわくわくする冒険にする！

自分の住所を小さく考えず、
地球が住所と思うと自由になる。
すべてみんなで分かち合える地球――。

「千年ノート」を使い、囚《とら》われを外して意識を変えると

たった1年で内面が豊かになり、こんなに変わる!

Before

>>>

After

第1章

ホームレス2年、
引っ越し40回

最悪な子ども時代

私の実家は、大阪の比較的裕福な家庭でした。祖母が大きな敷地を遺してくれ、資産家と呼ばれるほどの家でした。

ところが、ドラマによくありがちな話ですが、父は人が好《よ》過ぎて人に騙《だま》されてばかりで、資産を食いつぶすような人でした。

ある日父は、家財道具の一切を勝手に売り払い、母と小学生の私を残してこつ然と姿を消してしまいました。父が失踪し、生活はどん底に落ちるという、嘘《うそ》のような本当の悲惨な出来事でした。

当時、「お父さんを探す」という内容のテレビ番組にも出て、公開捜査もしてもらったほどです。

父はその上、かなりの額の借金まで残していて、母と私は小さなアパートに引っ越すことになりました。

生活は一変します。母は借金を返すために昼も夜も働き、家にいる時は内職の生活。小学生の私も遊びにも行かず、コタツの中で内職を手伝う毎日です。

そこはお風呂もない家でしたので、銭湯通いです。でも、その時は、そこが自分の家だという感覚がなかったのです。

この感覚は、のちに重要なキーワードになってくるのですが、小学生の私は「ここは自分の家ではない」と思って暮らしていました。

その後、母の実家の近くに引っ越すのですが、ここもバラック小屋のような家でした。さらに、最悪なことに、それは私が通う中学校のすぐ隣だったのです。

誰にも知られないように暮らす

思春期の私は、そこに住んでいることを友人たちに絶対に知られたくないと思い、誰よりも早く学校へ行き、誰よりも遅くまで学校にいるという生活を３年間、毎日続けました。

学校に長くいる理由が必要なので、バスケットの練習をしました。もちろん、実際に早朝と夕方にバスケットの練習をするわけです。家を知られたくないという理由で。

そのおかげもあって、バスケットは上達し、全国で16位という成績まで収めますが、何かが満たされないままでした。

その後、結局私は今までに40回近くの引っ越しをすることになるのですが、どの家も貧しい佇《たたず》まいで、シャワーのある家にはじめて住んだのは18歳の時でした。

母と2人の生活になってから「いい家に住みたい」という思いは強くなりましたが、思いとは裏腹に立派な家に住むことは、ありませんでした。立派どころか、普通の家にすら住めなかったのです。

母のうつ病と風水

ところがある日、突然父が帰ってきたのです。

父と母の間にどんなやり取りがあったのかはわかりませんが、とにかく再び家族で暮らすために、新しい家にまた引っ越すことになりました。

今度の家は、病院の向かいに建つ賃貸住宅でした。

母はＰＴＡ会長などを務め、明るい我が家が戻ってきたような幸せな日々でした。

ところがそれから数か月後、病院が取り壊されることになり、その向こうにあった墓地が丸見えになったのです。

そして、その頃から母は徐々に精神を病みはじめ、とうとううつ病になってしまいます。毎晩夜中に墓地までふらふらと行ってしまうようになってしまったのです。その母を迎えに行かなければならない毎日は、まさに地獄でした。

さらに、当時料理人だった父が台所で料理をしていた時に失火、家が半焼する事態に。命こそ助かりましたが、そこは賃貸住宅でさらに半焼のため保険もおりず、まさに最悪の事態です。

ホームレス２年

その後、一家はバラバラに。私はもう「家」の存在が嫌になり、とうとうホームレスになりました。ホームレスといっても車の中での生活でしたが、皮肉なことに「この家は大丈夫だろうか」という不安がない分、心は平和でした。

しかし、ホームレスが幸せなはずもなく、自分の宿命を恨み続けること２年、その辛《つら》い生活は続いたのです。

私は、あの病院が取り壊された時、悪い氣が入ってきたような気がして、不安で寂しい気持ちになったのを覚えています。聞けば、隣に住む奥さんも、同じようにうつ病になってしまっていたそうです。

こんなに不幸が続くのは、何か理由があるに違いない。私はそれが知りたくて、風水の勉強をはじめました。

占術との出会い

人の弱みにつけ込む人はたくさんいます。

私は、母のうつ病や火事で再び家を失ったこと、そしてホームレスの生活で、もうこれ以上の不幸はないと思うくらいに意気消沈していました。そんな時は、精神世界にすがりたくなることもあります。霊媒師と呼ばれる人に会ったり、運が好転するという商品を買わされたり、先祖供養をしなさい、などと騙されることも幾度となくありました。

もちろん、すべてが怪しいわけではありません。心からの癒やしを与えてくれる教えもありました。

しかし、もう何が私たちを救ってくれるのかわからず、すがる思いでありとあらゆる宗教を勉強し、修行に入ったりもしたのです。

特に、小さい頃から「家」に振り回されてきた私は、家相《かそう》にひときわ興味がありました。風水の本を読み漁り、さまざまな宗派の風水があることも知りました。

意識したことは引き寄せられる！

姓名判断にも興味を持ち、試しに自分の名前を変えてみたことがありました。そして、意識に刷り込むように1週間、何度も何度もその名前を書き続けました。

当時は31画の名前にしてみたのですが、それから数週間のうちに出会う人がみな、同じ31画という不思議な現象が起きたのです。その時に「**意識したことは引き寄せられる！**」ということをはじめて実感したのです。

ところがすぐに、すべてが当たっているわけではないことにも気がつきます。よいとされている画数の人に不幸が訪れたり、またその逆もあったり。

四柱推命でも氣学でも、よいとされることを行なっても、必ずよいことがあるとも限りません。信じて勉強をしてきたことが、必ず壁にぶち当たるのです。

あらゆるジャンルに首を突っ込んで勉強してわかりましたが、この世界は、どのロジックでもどんどん密林に入っていくように必ずさまようことになる。

そして、古い書物などをより深く勉強することになり、どんどん難しくなっていくのです。

複雑極まる占術という名の密林

占術の世界は、本当に複雑です。

長い歴史の中で先人たちが研究し、実証し、データが蓄積されて、我々占術を扱う者は、それらを理解しなければなりません。

そして、鑑定を受ける人も、さまざまなアドバイスを受け、行動の指針にしたりすると思うのですが、正直難しいと思います。

大家の先生方はもちろん、それらの道を究《きわ》められ、それぞれの回答を得ておられると思いますが、私のように自分の不幸を発端に勉強しはじめた若造には、難解な理論を深く理解することは、相当に難しいことでした。

しかし私は、そう気づきながらも「完璧なロジックが必ずどこかにあるはずだ」と、聖杯探しを続けました。

「次こそは」「次こそは」と心理学から哲学、自己啓発まで含め勉強し続けました。ロジックに穴があったら、もうそれを信じ続けることができなかったのです。

一方で、そもそもこの深い密林の中に、答えがあるのだろうか、という疑問もありました。この疑問は後にある出会いをきっかけに答えを得ることになりました。

成功者の秘密と聖杯

失敗した人、成功した人の本を読んだり、話を聞いたりするうちに、ひとつの法則がわかってきました。

「技術ではなく、メンタルである」

メンタルが強い人が成功している。信じる力があるかどうかが、どうやらカギのようだ。それが、見えてきた答えでした。

何かを叶える、成功させるカギは「技術ではなく、メンタルだ」という答えに辿《たど》り着いたのです。

成功者は総じて思考がシンプルです。

わざわざ複雑な密林に入って、事態をややこしくすることなく、迷いのないシンプルで明確なビジョンを持っています。

私はシンプルこそが完璧であり、それが探し求めていた聖杯なのだということに、気がついたのです。

試行錯誤の風水師

私は引き続き心理学やスピリチュアルの世界を勉強しながら、風水師として働いていました。

おかげさまでお客様も増え、仕事は順調でした。

当時の私の仕事はお客様のお宅やオフィスへ伺うことが多かったので、毎日荷物を持ち歩いていました。

風水鑑定の資料は山ほどあり、それを持ち歩くのはかなり大変です。だから、完璧に自分流にカスタマイズした、風水の情報が詰まった無駄のないノートがほしかったのです。

長年、試行錯誤し続けました。そして段々と改良されてきた使いやすいノートができつつありました。

日々のスケジュールをはじめ、風水鑑定に必要なデータや資料、アイデア、お客様の記録、電話のメモ、日記、話題になりそうな記事など、私はカスタマイズし続けました。

モレスキンとの出会い

ある日、文房具店で1冊のノートに出会います。

まっさらな無地のシンプルなノート。

ノートにしては高額なそれを手にした時、何かとても気になるものを感じました。

一旦は棚に戻し、店を出たのですが、どうしても気になって店に戻り、そのノートを手に入れました。これがモレスキンとの出会いです。

今まで、こんな風に何かに惹《ひ》かれたことはありません。そのノートが私の手元に来た意味を考えずにはいられませんでした。

その日から、私の「ノートカスタマイズ」は加速します。夢中になって、そのノートに向き合いました。

そして、その後、すぐに気づきます。

このノートは、私が疑問に思っていたことの答えをすべて持っている、奇跡のノートだったのです。

なぜ、成功者はシンプルに生きているのか、なぜ、占術が効かないことがあるのか、複雑な密林の中に本当に知りたいことがあるのか、なぜ、意識したことが起こるのか——。

その答えは「千年ノート」にありました。

第2章

人生を変えた
ハワイの旅

運命のハワイ旅行

ある日のこと。妻と自宅のダイニングで食事をしていると、突然「ハワイに行ったほうがいい」という声が聞こえました。

実際は、私の内なる声だったと思うのですが、正直そのような体験は、はじめてでした。

当時の私は、物事を真面目に考えるほうでした。勉強こそがすべて、理論こそがすべての左脳人間で、遊ぶことはサボっていることである、と思っていました。

勉強さえすれば、その先には幸せが待っていると信じていました。だからハワイ旅行など、道楽の最たるものでとんでもない、とさえ思っていたのです。

ましてや経済的にも余裕があるわけでもありません。それなのに、なぜ自分は今「ハワイに行け」と思っているのだろうか——。

しかし、私はその場で、インターネットでハワイ行きのチケットを妻と2人分、予約したのです。まるで自分ではない、誰かに操られているかのように。

内なる声に決めさせる

この時の私の意識は、それまでとまったく違っていたと思います。なぜなら、ハワイへ行くことに対し「時間がない」「お金がかかる」などと理性的に考えずに「行きたい！」という直感だけで「決断を下した」からです。

この出来事は、非常に重要です。

「理論」や「理性」ではなく、「感性」や「直感」、自分自身の本心からの声、つまり内なる声で決断を下したのです。

内なる声には潜在意識からのメッセージを届けてくれる力があります。「自分が本当に思っていること」を教えてくれるのです。

この、内なる声が聞こえた時の感覚を大切にしてください。
私は「ハワイに行ったほうがいい」という内なる声を聞いてからチケットを予約しました。これはそれまでの私にとって、いつもと違うパターンの行動でした。それは内なる声に素直に従ったということです。

2012年9月、私と妻はオアフ島にあるハワイ王家の墓「ロイヤル・モザリウム」にいました。
ハワイでパワースポットを回る時、まずここに来ることが作法なのだそうです。私はそんなことすら知らなかったというのに、その場所に立っていたのです。
導かれて来たその場所で、私はここへ呼ばれたことの意味を知ることになります。
このハワイ旅行が、どれほど大きな意味を持ち、人生の転機になったのか。それからの1年を振り返ると、間違いなくこのハワイへの旅が、運命を変えたとしか思えないのです。

現実が変化する

私は昔から、写真を撮るのが好きでした。ノートが好きで写真を撮るのが好き、だからこそ、この夢と感謝と感動、そしてわくわくすることを貼る「千年ノート」が完成したのです。
写真は正直です。
例えば自分が鏡で見ている顔と、誰かに撮影してもらった自分の顔が「何か違う」と思ったことはありませんか。
それは、自分の目よりも、カメラのレンズのほうが、目の前にある現実をリアルに映し出すからです。
ハワイでもたくさんの写真を撮りました。しかし、今まで自分が撮っていた写真と何か違うことに気がつきます。

メッセージ性があったり、不思議なものが写っていたり。
ということは、私の目の前にある現実に変化が起きたのかもしれません。

偽物の自分を捨てた時、道はひらかれる

２日目の朝、私たちがダイヤモンドヘッドに登った時のこと。突然目の前に、ダブルレインボーが架かりました。
私はその光景を見て泣いていました。
もちろんそれは、虹が美しいことに感動して泣いたのではありません。本当の自分の気持ちにやっと出会えた、という瞬間の、喜びの涙だったのです。
日本での生活は、風水師として一流の先生方に負けないよう、理論武装をし、世間一般のイメージする「難しい顔をした知的な風水師」でいるべく、人の目を気にして、自分を作りあげていたような気がします。
中学生の時、絶対に家を知られたくない、と思っていたあのままに人の目を気にする大人になっていたのです。でも本当は、そんな自分になりたいのではなかった。もっと自由で、アウトローな風水師でいたかったはず。ダブルレインボーを見た瞬間**「自分らしく生きよう！」と思った時の笑顔の自分に気づき、ハッとしたのです。**
心からの笑顔の状態こそが、曇りのないレンズとなり、真実を映し出しました。
占術という名の密林にどんどん深く迷い込み、複雑さを極めたところに、答えがないこともわかりました。本当の答えは、自分の意識の中にあるのです。
これまでさまざまな本を読み、勉強もして「自分らしく生きる」という言葉には何度となく出会ってきましたが、腑《ふ》に落ちていませんでした。どういうことなのか理解できなかったのです。

ハワイのダイヤモンドヘッドで出会ったダブルレインボー。
その感動の瞬間、私は心の声を聞き、人生の転機が訪れる。

でも、このダブルレインボーを見た瞬間、感動とともにその言葉がようやく体で理解できたのです。

人は、体験しなければ理解できないのです。

この一瞬のために、私はここへ来たことを悟りました。あの虹は、自分への祝福である、と確信しました。

「新しい人生をスタートすることへ、神様から贈られた聖杯だ」と信じても余りあるほど、自信がついたのです。

ここから、堰《せき》を切ったように私の快進撃がはじまりました。

「千年ノート」が動き出す

風水の仕事で使うためのノートは、モレスキンに出会った頃からその役割が変わってきました。

黄金比のバランスを持つ生《き》成《な》りの無地のモレスキンノートは、無限のインスピレーションを与えてくれます。

私は、なんとなく心に響いた言葉や映像、感動した出来事、それらをノートに貼ったり書いたりしはじめました。

ハワイで出会ったダブルレインボー、鳳凰《ほうおう》のサンセット、美しいビーチ、パワースポット、自分の笑顔……。

そのページを開くとその瞬間のことが思い出され、自分の意識がキラキラ輝くのがわかります。そこにメッセージを見つけることもあります。偶然の一致、シンクロニシティも起きはじめました。

「これは一体何だろう……」

ノートがエネルギーを持ちはじめ、どこかへ連れて行ってくれるような感覚です。

「あらゆるものは他のあらゆるものと関連する」

この「千年ノート」を使っていくと、その言葉がよく理解できるようになります。時間の経過とともに、ノートに書いたことに関連する出来事が拡張していくのです。

描いた未来を実現させるには、潜在意識からのメッセージに耳を傾けることが重要です。そうするためには、**意識に「感動やインパクトを与えること」が必要になります。**

このノートには、それができる。眠っている潜在意識を呼びさまし、驚くべき力を発揮することを確信しました。

驚きのメッセージ

ハワイから帰国して１週間もたたないうちに、東京・四谷にある「エイトスターダイヤモンド」という宝石店で、ある出会いがありました。社長である田《た》村《むら》熾《たる》鴻《ひろ》さんは、完璧なダイヤモンドのカッティングである「エイトスター」を完成させた方で、精神世界にも造詣《ぞうけい》が深い方です。

この２枚の写真（左・ハワイの夕陽、右・ダイヤモンド）を、
素晴らしいメッセージだと思うのか、意味などないと思う
のか。思考の癖が未来を作るということを体験してほしい。

ここでは毎週木曜日に精神世界を学ぶ「木曜会」というセミナーを実施しています。その講師陣は錚々《そうそう》たるメンバー。

美輪明宏《みわあきひろ》さん、江原啓之《えはらひろゆき》さんをはじめ、スピリチュアルの世界に深い関わりのある方々ばかりです。

私は知人に紹介され、この店を何気なく訪れ、気になるダイヤモンドを見つけました。高額のため、購入するつもりはなかったのですが、例のごとく写真を撮らせていただき、その日は帰りました。

ところが、その写真を見て驚きます。なんと、鳳凰の姿が写っていたのです。

ここに意味がないはずがありません。私は翌日すぐにお店に伺い、迷うことなくそのダイヤモンドを購入しました。

しかし、話はそれだけでは終わりませんでした。
「木曜会の講師になりませんか」とお声をかけていただいたのです。

悲惨な幼少期を経て迷いの中から風水師になり、密林の中に迷い込んだまま出られなかった自分が、導かれるようにこの場所まで来たのは、シンプルに感動を追い求めただけだったような気がします。

本当の自分に出会い、意識が覚醒し、受け取るべきメッセージを素直に辿っていたら、ここまで来ることができたのです。

第3章

現代の風水と「千年ノート」

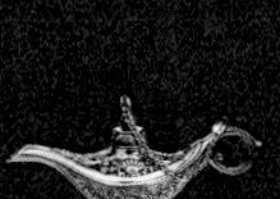

風水は変化した

「風水」と聞いてイメージするものは何でしょうか。西に黄色、龍の置物、玄関の位置、凸凹のない部屋、鬼門……など、この本を読んでいる方は、ある程度詳しいかもしれません。

しかし昨今、理想の風水に基づいた家を手に入れられた人は、一体どれくらいいるでしょうか。

現代社会は、土地の場所や家の向き、家の間取りでさえ自由に作るのが難しい時代です。仮に、物理的に可能でも、思い通りの「風水ハウス」を作るにはかなりの投資が必要になります。

私は風水師として、できるだけ的確な空間が作れるように、お客様に鑑定をしていますし、緻密《ちみつ》なデータに基づいて行える風水の方法もあります。

しかし、本来ならば限られた人だけではなく、万人がそのパワーを享受するべき、というのが私の考えです。

ご縁があって、経済的に成功された方々の邸宅に鑑定に伺う機会が多く、さまざまな「成功者の家」のサンプルを拝見することができます。そこで発見したのは、

誰も西に黄色のものや龍の置物など、置いていない

ということです。

想像してみてください。モダンなインテリアの中に怪しい金ピカの風水アイテム的なものは、どう考えてもマッチしません。空間に不調和が生まれます。この空気こそ、エネルギーを下げます。

運の悪いお宅に伺うと、玄関にありとあらゆる風水グッズが、煩雑に置かれているのが目につきます。昔の私の自宅もそうでした。運をよくするための風水グッズでありながら、不調和の元凶となっ

ていたのです。
逆に、風水アイテムがなくても気持ちがいいと思う空間は、本来正しい氣が満ちている場所ということになります。
成功者の家は、シンプルで整理整頓され、インテリアは上質なものが置かれています。**共通点があるとすれば「好きなもの」に囲まれていること**ぐらいでしょうか。
好きな車、お気に入りのインテリア、好きな色のカーテン、気持ちのいいラグ、好きな画家の絵画、思い出の小物……など。
その部屋には、いわゆる「風水のルール」はまったく存在しません。その代わり、オーナーが**居心地のよさそうな氣が満ちています。**
彼らは、風水理論に基づいた家に住んでいなくても、成功しています。これは、どういうことなのでしょうか。

ボールペンの「氣」

ここに２本のボールペンがあったとします。見た目はまったく同じボールペンです。ひとつは、マイケル・ジャクソンが愛用していたもの。ひとつは、あなたが好きではない人物のもの、と仮定します。
このボールペンをもらえるとしたら、あなたはどちらがほしいですか？　答えは明らかですね。「氣」は人の気持ちによって、いくらでも変化していくのです。
また、このボールペンの元値が100円だったとして、オークションにかけられたら、どうなるでしょう。
マイケル・ジャクソンが愛用していたというほうの100円のボールペンは100万円で落札されるかもしれません。
つまり、モノ自体ではなく、マイケル・ジャクソンが使ったモノ、愛する人が大切にしていたモノ、両親から譲り受けたモノなど、それらには物語があるからこそ、そのモノに価値が生まれます。

金運を上げたいから西に黄色のカーテンをかけている。それは間違ってはいません。
しかし、その黄色いカーテンを見て、感動したり、わくわくしたりしていますか。何かの物語を感じているでしょうか。
風水とはあなたを取り巻く環境を整えることです。
感動や物語のないところに、氣は生まれません。
運気を上げる家に住みたいのならば、自分にとって価値のあるモノに囲まれることが風水だと、私は考えます。

住所は地球

第1章で紹介したとおり、私は「家」に恵まれず、小さい頃からずっと理想の家を探し続けてきました。
風水師になったのも、理想の家を見つけたかったからです。引っ越しを40回近くも繰り返したのは、そういう理由もありました。

「ラッキーナンバーの3階ならどうか」
「東向きがダメなら、南向きの部屋はどうだろう」

家に対するあくなき探求心です。しかし、結局、幸せになれる理想の家は見つかりませんでした。
私は悟りました。家のディテールに意味があるのだろうか、と。
そしてまた、ひとつの答えに辿りついたのです。

「住所は地球である。意識のある場所が家であり住所である」

宇宙から見れば、アメリカだろうと日本だろうと、それは点でしかありません。ましてや、日本の中の西だろうと東だろうと、もっと言えば、家の向きがどうだろうと、まったくのミクロの世界です。

ハワイで雄大な自然の中に佇んだ時、宇宙から見たミクロの世界に意味がないことを、私ははっきりと認識しました。

高級ホテルのラウンジにあなたがいるとします。「こんなところに住みたいな（でも住めないな）」と思うか、「こんな居心地のいい場所に居ることができて幸せだ！」と思うか。今の瞬間の意識で、その空間と自分をつなぐ力が変わってくるのです。

小さい頃に母と住んだ、お風呂のない小さなアパート。「ここは自分の家ではない」と思っていたのは正しかった、と今になって思います。自分の居場所は、意識の中で自在に変えられるのです。

幸せになるためのスイッチは、すべて自分の意識の中にあります。それは、モノでも、場所でもないのです。

帰りたくないディズニーランド

みなさんは、ディズニーランドに行ったことはありますか？　私は、まさに夢の国というにふさわしい、あの場所が大好きです。

なぜ、ディズニーランドはこうも人を惹きつけるのでしょうか。それは、すべての空間に物語があるからです。

普通の遊園地とディズニーランドの違いは、物語があるかないか。同じ乗り物でも物語があることで、人をわくわくさせるエネルギーがあるのが年間1000万人以上を来場させる力なのです。

人は物語がある空間にいると心がわくわくするのです。みなさんも経験があると思いますが、「夢のような楽しい時間がずっと続けばいいのに」と考えたことはないでしょうか？　ディズニーランドに行かれたことがある方は経験があると思いますが、閉園時間が来て、混み合う電車に乗って、お土産を抱えて帰ります。しかも明日は学校や会社です。

ちょっと前まで、アトラクションに乗ってわくわくしていた自分と、帰路の自分を比較してどうでしょう。
当然、前者のほうがキラキラしているはずですね。
ずっとそのわくわくしている時のエネルギーで、毎日の日常を過ごせたなら、みなさんの人生は最高の人生になると思いませんか？ それを叶えてくれるのが「千年ノート」なのです。ノートを開けば、いつでもあの感動とともに人生を歩むことが可能になります。あらゆる社会生活がアトラクションを廻るような、わくわくした気持ちにさせてくれるのです。

旅に出て波動を上げる

波動とは何でしょうか。
物質にはすべて、波動があると考えられています。人間も細胞という物質からできており、波動を持っています。そして、その波動は空間へも伝播《でんぱ》していきます。
暗く沈んでいる友人と毎日一緒にいるのと、楽しく笑っている友人と一緒にいるのと、感じる波動はどうでしょうか。
自信に満ちた人を見ると安心し、不安そうにしている人には大事なことは任せられない、と思うでしょう。それが、我々が感じ取る波動です。
波動のわかりやすい例に、有名な水の結晶の実験があります。ご存知の方も多いかもしれませんが、水の入ったコップに「ありがとう」と「ばかやろう」を書いた紙をそれぞれ入れます。
その後、水の結晶を見てみると、ありがとうのほうはきれいな結晶が保たれ、もう一方は結晶の形が崩れていた、という実験です。
つまり、波動には善し悪《あ》しがあることがわかったのです。
また、波動は「同調する」という特徴を持っています。自分がよい波動（＝高い波動）でいれば、その波動と同調します。
言霊やポジティブシンキングは、まさにその特徴に基づいた考え方です。

では、波動を上げるにはどうすればいいでしょうか。

私がもっともおすすめするのは旅に出ることです。

非日常の時間と場所へ行くことは、意識に対して大きなインパクトになり、記憶に刷り込まれます。

そして「楽しかった」という気持ちは波動を上げ、ディズニーランドと同じ気持ちにしてくれるのです。

「千年ノート」は楽しい旅の思い出や、その瞬間に感じたわくわくをノートにフリーズパックすることができます。すると旅から帰った後でも、ノートを開けばいつでも、その時感じたわくわく、その時の感情を思い出させてくれます。悩みなどを考える時間があるのなら、ノートを開いてわくわく波動に意識を調整しましょう。気がついた時にはよい運勢の気流に乗り、毎日が夢の国にいる時のように、笑顔の人生がはじまり出すのです。

ノートの中は完全な理想の世界

引き寄せの法則を実現するための「ビジョンボード」というものがあります。ボードに理想の家や好きな写真などを貼っていくものです。毎日繰り返し目に入るという点ではよいアイテムです。

一見、この「千年ノート」と同じように見えますが、大きく違うところがあります。それは、このノートは「プライベートである」ということと「進化する」ということです。

ビジョンボードはどうしても他人の目を意識してしまうので、本心を貼ることが難しいことが多いものです。家族と一緒に住んでいると本音を貼りづらく、格好よく貼ろうという意識がどうしても働いてしまいます。ましてやお姑《しゅうとめ》さんに「自由になりたい」など見られては困ります。

しかし、ノートは誰も見ないので、心から望むこと、もしかしたら恥ずかしいことであっても貼ることができます。

また「先月はこういう気分だったけど、今は違う気分」と理想の形が変化しても、何度でもブラッシュアップできます。

これが重要なのです。

夢や理想のインプットを繰り返していくと、本当に望んでいるものがわかってきます。何が夢なのかわからない人には効果的です。

自分のノートを作るということは、本来の自分を知る最適な方法です。

現実世界がつらく苦しい時は、まずは何も考えず、ノートの中で遊んでください。写真を貼るばかりでなく、例えば「こうなりました」という未来日記を書くのもいいでしょう。

大切なのは「楽しいと思いながら」作ること。

それが思えないと、波動が合わず、願いが叶いません。

心から楽しい、幸せと思える「ノートの中の世界」を作り、わくわくすること。それだけなのです。

意識の世界が変化すると、現実世界も確実に変わるのです。

神棚と家相はノートの中に

この「千年ノート」は、現代住宅では解決できない風水環境を整えるために試行錯誤してようやく完成しました。

私が鑑定に伺う際、もっとも質問が多いのが神棚の場所をどうすればよいか、ということです。

理論上は、北西に置くのがよいとされていますが、実際に神棚が置けるような家に住んでいる人は、現代社会ではおそらく少数だと思います。しかも、北西に置けるとも限りません。

だから、ノートに神棚を作ることで、**どんな住宅事情の人にも祈**

ノートの中には神棚があり、家相があり、風水がある。

りを日々、実践することを可能にしました。

人生とは、自分の生活に起こる出来事を通して、生きる幸せを感じるためにあると思います。

「千年ノート」の中には神道の精神、中今《なかいま》の思想、つまり「時間の永遠の流れのうちに中心点として存在する今、単なる時間的な現在ではなく、神代を継承している今」を取り入れています。

「現在・過去・未来」に囚われず、今この瞬間を精一杯生きることを意識しましょう。今、生かされていることに感謝していると、自然によいことが引き寄せられてきます。

周囲の目に振り回されず、自分に素直になれる場所が神棚です。
「千年ノート」の中の神棚に、いつでも感謝しながら祈ることです。ノートの神棚は場所を選びません。家にいても外出先でも、いつでも純粋な自分と向き合うための神棚です。本来の素直な自分に戻り、日々感謝を忘れない生き方をおすすめします。

ノートの中の神棚はあなたの心を感謝の状態に戻してくれます。

お家《うち》の中の神棚とノートの中の神棚。意識は、3次元（実際の自分）と2次元（ノートの中）の区別がつきません。

人は意識の世界で理想の家に住めば、誰でも最高の家に住んでいることになるのです。

第4章

今の私たちに必要な「千年ノート」

女性を笑顔に！　元気に！

第１章でもお話ししたように私の母は、うつ病で大変な思いを強いられてきました。そんな母に少しでも笑顔に、元気になってほしい、悩みを抱えるすべてのお母さんの力になりたいという思いが「千年ノート」には込められています。

私が風水師として、数多くのお宅に足を運び、話をさせてもらったほとんどの方は、やはり「家族のために」という思いで一生懸命に相談をする女性、特にお母さんたちでした。それなのに彼女たちには、家の中に自分の部屋を持てないばかりか、自由になる時間やお金さえないことが多いのも現実でした。

これを目の当たりにした時に「**時間やお金をかけることなく、日々できることで彼女たちにこそ笑顔で、そして元気でいてほしい！**」と考えるようになっていったのです。

資金がなくても、現実には自分の部屋が持てなくても、せめてノートの中にだけでも彼女たちが自由自在にできる空間、部屋を作ってあげたい――。

「千年ノート」には、そんな家族のために頑張る女性やお母さんたちへの思いそして、私の母への思いも込められているのです。

女性の笑顔は最大の開運術である「お家起こし」

重要なのは、いつの時代も女性たちの笑顔こそが、その家、その家族最大の開運術であるということです。女性たちが笑顔であれば、家に幸せが舞い込みます。「お母さんは家庭の太陽」という言葉があるように、女性やお母さんの笑顔は、夫や子どもたちを笑顔にして、家族みんなが幸せになっていくのです。

私はこれを女性たちの「お家起こし」と呼んでいます。

子どもたちはお母さんの笑顔が栄養になり、きちんと自立した人間へと成長していきます。お父さんのその氣は妻の真心がスイッチをオンにするのです。家の中心である女性やお母さんが元気で笑顔でいることが何より大切なのです。すべては女性たちの心の中からスタートするということです。

わくわくすること、感動したこと、楽しかったことなど、幸せと感じることを「千年ノート」に書き込んでいくことで、心の変化が起こります。すると、環境も変化しはじめ、心の状態にあった現実が現れるようになるのです。

家の中でできる女性たちのお家起こしで、家族が元気に笑顔に、そして幸せになります。するとその幸せの波動は、あなたが暮らす地域まで元気にし、さらにはその波動が日本へ、世界へと広がっていくのです。私は「千年ノート」のことを「**ダイニングテーブルから世界平和を発信できるアイテム**」と本気で信じています。そして、そのすべては、女性の笑顔からスタートするということです。

子どもたちはお母さんの笑顔が栄養になり、きちんと自立した人間へと
成長する。お父さんのその氣は、お母さんの真心がスイッチをオンにする。

家の中の波動を調整して、幸せ波動で満ち溢《あふ》れたマイホームが作れるのは、やはりお母さんに代表される女性たちなのです。

心の雑草を取り除き、感度を磨く

今、日本社会には心が疲れていたり、中には心の病を抱えてしまった女性が山ほどいます。まずは、彼女たちの心を明るいものに変えていかなければなりません。枯れた花を咲かせるように、あなた自身に花を咲かせていくのです。

そのキーワードとなるのが「感動」です。

私が一番心配なのが、感動できない状態にある人がとても多いことです。もちろん感動の感度は大人になるにつれて悪くなり、どうしても年々、感性、感度が薄れていってしまいます。若い頃には音楽を聴くだけでも、感動し涙が溢れたり、笑顔がこぼれたりしたものです。

しかし、歳をとるにつれ音楽を聴いて感動する機会はどのくらいあるでしょうか。感度は放置すると錆《さ》びついてしまいます。積極的に、あるいは意図的にでも感度を上げていく必要があるのです。

この感性、感度が研ぎ澄まされていること、これは夢を実現し、成功するためのカギを握る重要なものです。感動しているエネルギーは多くの人に広がります。女性たちが常に感動する感度の高い状態、言い換えれば、この世界、日常の生活がキラキラと輝いて見えるような状態にしなくてはいけません。

そのためには、心の雑草をとる作業が不可欠です。家の庭と同じで、雑草は常にとり続け駆除しなければ、どんどん繁殖してしまいます。きちんと世話をしてあげる必要があるのです。

では、女性たちの雑草とは何でしょう――。

それは日々のマイナスな出来事。不思議なもので、これらは増殖スピードが猛烈に速いのです。

心の雑草を増殖させないためにも毎日できることをしていきましょう。いわばセルフセラピーです。家や庭の掃除を毎日するように「千年ノート」は毎日取り組むことができるものです。詳しくは後述しますが、脳を整理して、脳にとって肯定的なものを見続けるだけでいいのです。

そして、自分にとっていい養分を与えることも忘れてはいけません。**ノートの中に、わくわくするもの、感謝、感動、夢を常に書き込み続けることが重要なのです。**

「今、この瞬間に感謝する」ことで感性を磨く

心の雑草を取り除き、心が満たされ、感動する感性を磨くために、まず、おすすめしたいのが「今、この瞬間に感謝する」ということです。これはどんな状況であっても誰にでもできることです。

例えば、**今、自分が持っているものに感謝してみてください**。すると、次から次へと新しいものが現れ、手に入るようになっていきます。逆に、今、持っているものに不平不満を言っていると、ずっと不平不満ばかりの人生が続くだけです。

私も実は、自分が住む家に文句ばかりを言っていました。風水師が陥りがちなことですが、「玄関の位置がよくない」「窓が少ない」……などなど、家の悪い部分ばかりに目がいってしまったのです。家に文句ばかりを言い続けた結果、前述したように私は合計40回近くの引っ越しを経験しました。よい環境を求めて自ら引っ越しをしているとばかり思っていましたが、振り返ればそれは、家のほうから「出ていけ！」と追い出されたのだと感じます。

今の自分の状態に対して、不平不満を言うのではなく、一つひとつ感謝することのほうがはるかに大切です。「千年ノート」の中にも、たくさんの感謝の言葉を書き込んでほしいと思います。また、「ありがとう」という言葉を日常的に使ってください。言霊という言葉

があるように言葉はエネルギーを持っています。否定的な言葉や妬《ねた》み、嘲笑、あるいは卑下する言葉は負のエネルギーを持っているのです。そういう言葉ばかりを使っていると、あなたの周囲は負のエネルギーで満ちてしまいます。

逆に「ありがとう」という言葉はポジティブなエネルギーに満ちていますし、「ありがとう」と言われて嫌な気持ちになったり、敵意を持つ人はいないはずです。

今、この瞬間に感謝したなら、実際に「ありがとう」と言葉にしていきましょう。すると、あなたの周囲には「ありがとう」好きな人々がたくさん集まってくるようになるのです。「ありがとう」から争いごとは決して生まれません。

あなたの「ありがとう」というひと言が、あなた自身はもちろん家族や周囲の人々、日本の社会、ひいては世界平和へとつながっていくのです。

つながりの回復が不安をなくす

核家族化が進み、個の時代、つながりがなくなった時代と言われて久しい日本ですが、本来、私たちは多くのモノとつながりを持って生きてきました。家族とのつながり、人と人とのつながりから、故郷やご先祖様、偉人や歴史、果ては自然や魂とつながって生きているのです。

この世に生を受けたすべての人は、さまざまなものとつながり、その思いと一緒に生きています。現代人はモノに恵まれ食事にも不自由しない時代にも関わらず、不安を抱えて生きています。その原因がつながりの欠如です。人はつながりを感じない時、不安を感じます。昔の日本は物質には恵まれていなくとも親兄弟、ご先祖様などとのつながりが強く、不安を感じることなく子どもたちも成長できました。あなたの周りの人、モノ、出来事、そして見えないもの

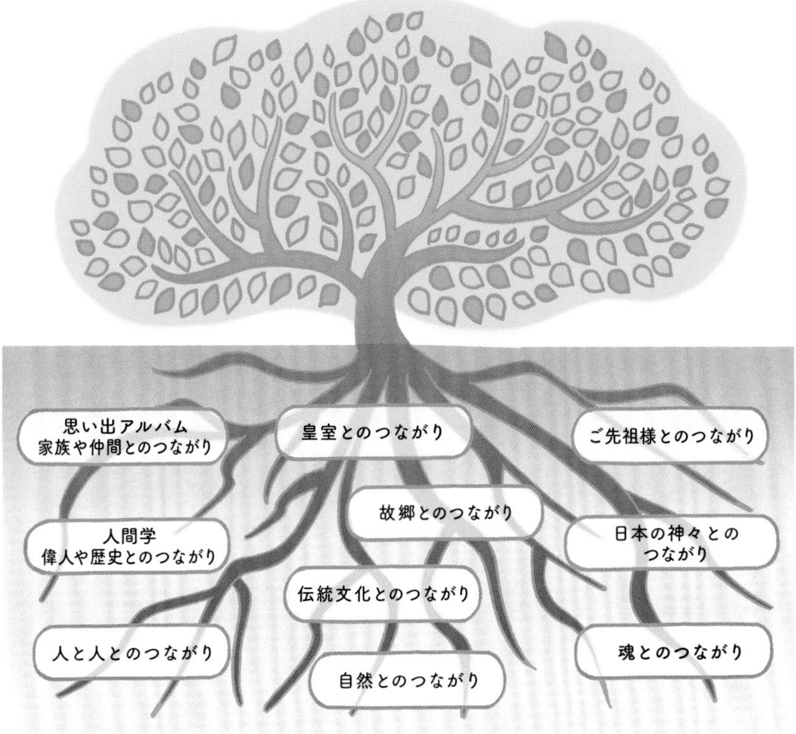

家族や周囲の人々、自然や故郷……。私たちは本来、さまざまなものとのつながりを持ち、それが土台となって生きている。「千年ノート」は、あなたとそれらの物語を紡ぎ、さらに強く結びつける。

とつながる力を大切にしましょう。つながりの回復こそが、これからの未来を生き抜く力になるのです。

幸せになれるページを開いて思い出をフリーズパック！

すぐに忘れてしまうのが人間です。「千年ノート」にあなたが幸せを感じたこと、場所、モノなどを書き出して、それを常に感じるように心がけてください。

とはいえ１日中、幸せを感じ続けるのは慣れるまで難しいことでしょう。「千年ノート」が素晴らしいのは、ノートを開けば、すぐにあなたが幸せになれるページが現れ、瞬時にそれを思い出すことができる点です。ですから最初のうちは、数時間に一度、そのページを開いて自分に**「幸せ波動」を十分に与えてください。**

1日の中に、あなたが幸せになれるページを開いて笑顔になれる時間を必ず持つのです。ちょっとニヤニヤしたり、恥ずかしくなったりするかもしれませんが、その顔を誰かに見せるわけでもありません。思う存分、幸せの瞬間を味わってください。

これが習慣になれば、あなたは必ず幸せ波動を手に入れ、感じることができるはずです。

自分が幸せだというエネルギーは、周囲にも伝わります。すると、不思議なことに家族みんなの運さえ自然によくなり、幸せに導いてくれるのです。女性たちの笑顔と元気が家族の幸せスイッチをオンにすることを忘れないでください。

幸せ波動のエネルギーは絶大です。家の中心である女性やお母さんが幸せ波動を手に入れれば、さらなる幸せをどんどん家の中へと引き寄せます。

家族のためにと自分を後回しにしがちな女性も多いのですが、そ

こは意識を変えてください。まずは自分が幸せになることです。

人はなかなか変わりません。自分が変わる、幸せになることが、一番の早道です。「千年ノート」を続けていくだけで、あなたは幸せを見つける達人になることができるのです。

作家のエレナ・ポーターが書いた『少女パレアナ』という小説があります。父親から、「どんな出来事の中にも、一つだけよかったと思えるものを見つけなさい」と聞かされて育った少女の物語で、孤児となりさまざまな困難を乗り越え幸せをつかんでいきます。次々と彼女に降りかかる辛い出来事、悲しい出来事の中にも、父の教え通り「よかった」と思えるものを見つけようとする彼女の姿は、人が幸せになるために一番必要なことを教えてくれます。それが、今の自分の中にある幸せを見つけること——。

これが幸せになるもっとも重要で最大の秘《ひ》訣《けつ》なのです。

お母さんの真心と「千年ノート」でお家から明るい氣を作り出す

さまざまな分野で活躍する世のリーダーたちに大きな影響を与えた陰の立役者の50パーセント以上は母親なのではないかと、私は考えます。

合理化が進んだ現代社会は、数字や結果などでしか評価されない時代です。そんな中で、常に世を明るく照らし未来を作ってきた方々こそがお母さんたちなのです。人間の人生においてもっとも影響を受けるのが7歳ぐらいまでの幼少の頃と言われています。幼少の頃に与えられたお母さんの真心エネルギーこそが、世の成功者を生み出した根幹です。成功者はセミナールームで生み出されたのではなく、母の愛によって育てられたのです。

これからの時代、何か大事なエネルギーがなくなってしまった社会において、私たちが今もっとも大事にすべきことは、お家の中でお母さんたちが笑顔でわくわくする家庭環境を整えることです。そして未来を作り上げていく子どもたちに、その温かい真心エネルギーとつながりの回復を実践していくことだと考えています。

第5章

わくわく人生への脳の作り方

成功者の土台は「できた」の経験

成功する人と成功しない人、願いを叶える人と叶えられない人がいます。これはどうしてなのかを考えたことがありますか？

私は風水師として、さまざまな成功者と言われる方々のお宅に伺い、お会いすることがありますが、その中でひとつわかったことがあります。それは7歳ぐらいまでに、目的を達成させるための基本的な組み立て能力や、五感を通しての感性を磨く遊びをしていたことでした。積み木やレゴブロック、パズルもしくはプラモデルなどを何度も完成させた経験がある人が成功しやすいということ。特に男性で成功している人に多い傾向です。成功者は、プラモデルをキレイに組み立てたり、自分の乗りたい車のミニカーに色まで塗って完成させて自宅に飾るなど、手作りをすることで感性を磨き、能力を養っていたのです。

「積み木？　プラモデル？」と疑問に感じる人もいるでしょう。

これを簡単に説明すると、自分が思ったこと、例えば、成功する、願いを叶える、ということをそのまま実現できる能力は、脳がしています。ですから「達成した」「できた」「感性を磨く」という経験を幼い頃に、どれだけ持っているか、それが潜在意識の中にどれだけあるか、ということがとても重要になってくるということです。

女性であれば、ジグソーパズルをやったことがある人も多いでしょう。しかし、パズルを途中でいつもあきらめてしまった人は、現実の世界でも、途中であきらめたり、終わることが多いのです。これはパズルを「できなかった」という経験で終わらせているため、それが潜在意識に悪い癖を作ってしまっているのです。

また、積み木遊びなどは組み立てて完成させるという単純な作業に見えますが、脳にとてもよい効果をもたらします。スポーツ選手が結果を出す能力、経営者が事業で結果を出す能力、夢を実現させるといったことも、実はすべて同じ能力です。そして、この能力の土台となるのが、積み木やレゴブロック、パズル、プラモデルなどの手作り作業で**「完成させた」「できた」「感性を磨く」という五感を通じた経験なのです。**

いろいろな素材の組み立て方や配置の仕方を遊びながら脳が覚えていきます。夢を実現させるためには何が必要で自分には何が足らないのか。これを潜在意識が自動で必要な事柄を集めてくれるのです。

四角く固まった常識を壊す

７歳までの子ども時代に積み木やプラモデルなどで、夢を実現させたり、成果を出す土台を作れなかった人もいるでしょう。とはいえ、今から積み木やプラモデルでの土台作りは、私たち大人にはさまざまなハンデがあります。

その一番大きなものは、何十年もの間に身につけてしまった常識や価値観です。

多くの人は四角く固められた常識の氷の中で生きているようなものです。この常識を一度溶かし、壊さない限り、次の形になりようがないのです。

しかし、多くの人が、今までの自分の常識、価値観は変えずに「こうなりたい！」「ああなりたい！」と言っています。これでは新しい自分になりようがありません。

では、どうすればいいのか――。

まずは四角く固められた氷のような今の自分の常識を溶かし、壊すことからはじめてください。

そのためには、自分の潜在意識に「できる」ということを埋め込み、自分との約束を守っていく作業が必要です。自分が思ったことは「できる」ということを繰り返し、繰り返し、潜在意識に埋め込んでいくのです。この作業はスポーツ選手が結果を出すためのトレーニングと同じです。何万回とかかるかもしれませんが、確実に潜在意識に入っていきます。簡単に言えば、習慣にしていくということです。

これに最適なのが「千年ノート」なのです。日々のページを作る作業で「作れる！」という**達成アンカリングを完成させましょう**。自分が囚われている常識や枠を外さず、あなたの根っこの部分にある「どうせできない」「どうせムリ」という固定観念がある限り、例えどんなことをしたとしても、最後の最後には「なれない」「できない」と思ってしまいます。そういう意識パターンを無意識のうちに作ってしまっているのです。

そのパターンをなくすためにも、ノートの中で、毎日「できました」という自分との約束を達成し、「思ったことができます」と意識を変えることを繰り返す必要があるのです。毎日繰り返すことで、それは確実に想念となり「どうせできない」「どうせムリ」といったあなたの固定観念に上書き保存されていきます。すると「思ったことはできる」と素直に思える自分に変わることができるのです。

イメージを形にする脳を作る

「千年ノート」を作る時、「こんなページにしたい！」と頭の中でイメージしてもなかなか思うようにならないこともあるかもしれません。

それでも続けて、毎日書き込み、貼り込んでいくうちに感性が磨かれていきます。「この写真、少し小さかったな」「このイラストは大きすぎた！」などと繰り返していくことで、少しずつページを上手に組み立てる能力がついてきます。

実は、これはとても大切なことです。この能力がついてくると、自分がイメージしたことを現実の世界でも実現できるようになっていくのです。

そのためにも、まずは自分のイメージを何でも実現できる畑作りから行なっていきましょう。何を植えても苗が育ち、実がなる畑です。栄養を与えれば与えるだけ、ぐんぐん伸びて、たわわに実ります。一度実がなった畑は、さらに実がなりやすくなるものです。

一方で、何を植えても育たない畑というものもあります。それは栄養が足らず土壌の固い畑です。固いところに種を植えようとしても、土をやわらかくほぐさなければ種を植えられないのは当然のことですよね。

ここで言う畑というのは、みなさんの意識です。四角い常識で固まっている人は「こうなりたい！」と思っても、それは決して根づくことはありません。

まずは畑であるあなたの意識を変えましょう。一度、常識を壊して、価値観を崩してください。「千年ノート」で、固定観念に囚われない柔らかい発想力や想像力を養えるように、日々ノートで脳を柔らかくするように取り組んでみてください。

錯覚の法則

常識や価値観を変えるためには、モノの見方を変えることが大切です。私たちは日々、起こる現象を流しがちですが、問題が起きた時、その問題の違った側面が自分で見えるようにトレーニングする必要があります。

「なぜ、これが起こったんだろう」
「この裏には何があるんだろう」

と疑問を持ち、モノの見方を変えていく方法です。それが「錯覚の法則」というものです。

人は同じ空間にいても、必ずしも同じものが見えているわけではありません。例えば、次のページのイラストを見てください。有名なトリックアートです。何に見えるでしょうか――。

黒い部分を意識して見ると「盃」だが、白い部分を
意識して見ると「向き合った２人の横顔」に見える。

黒い部分を意識して見た人は「盃《さかずき》」に見えますが、白い部分を意識して見た人は「向き合った２人の横顔」に見えるはずです。ところが、盃に見えた人は、「白い部分を見て」などと言われない限りは、もう一度、このイラストを見た時にもやはり盃に見えてしまいます。同様に、向き合った２人の横顔が見えた人も、意識しなければ盃には見えません。

これはなぜかというと、脳の癖が原因です。脳は一度信じてしまうと、それ以外には見えなくなる、認識しなくなってしまう傾向が強いのです。いわゆる脳の錯覚です。今まで常識だとあなたの脳が信じこんでいることが、必ずしも本当であるとは限らないということです。囚われを外して、一度違った観点で見えだすと、違った見方で見えるようになるとも言い換えられます。

一般的な認識、あるいは常識も、囚われを外して見ることができれば、脳は違った認識をするようになるということです。

経済的に成功している人の行動を見ると、自分の常識が正しいとは言い切れないのがよくわかります。私がこれまで出会った成功者の方々の特徴として、買い物をするのにSALEで安く買うということを好む人が少なかったのです。これはお金のあるなしの問題だけではありません。

例えば、成功者やお金持ちは、東京の銀座にまで足を運び、わざわざ定価でモノを購入します。高価になりますので、よく吟味して選びますし、簡単に捨てることもなく、大事にするものです。一方のSALE品ばかりを買う人は、安易にモノを購入し、ありがたみもないので大事にしません。簡単に捨てることもあるでしょう。そして、また同じようなモノをSALEで購入するのです。

こうして考えてみると、結果的には高く買ったほうが長期的にみれば、モノを大事にし、モノを大事にすれば自分も大事にされるという理にかなった法則を使っているのです。

このように安いか高いかという観点だけで見るのではなく、違った観点で見ることで、新しい価値観や道が見えてくるということです。さまざまな場面で観点を変えて見る習慣・発想の転換を実践することを日頃から心がけてほしいと思います。

脳が錯覚を起こすことは、珍しいことではありません。逆に言えば、この脳の特性を上手に活《い》かせばいいのです。

脳の三段階の層

「千年ノート」には、夢や感謝、感動、そしてわくわくすることだけを書き込みます。実はこれも脳のしくみと関係があります。

ここで脳のしくみ、メカニズムについて簡単に紹介していきたいと思います。

三層構造になっている人間の脳は、脳の中心、深い部分から順に「脳幹」「大脳辺縁系」「大脳新皮質」でできています。それぞれを簡単に説明すると次のようになります。

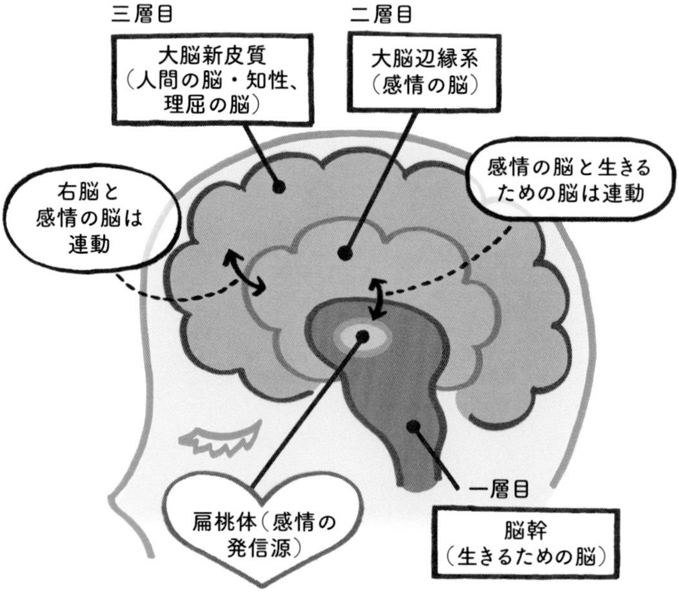

脳は三層構造になっていて、生きるための脳である脳幹と感情の脳である大脳辺縁系の中の扁桃体、知性・理性の脳である大脳新皮質。扁桃体が感情の発信源、感情を作り出す中心的な働きをしているとされている。

一層目の脳である脳幹は、「生きるための脳」。心臓を動かしたり、体温を一定に保ったり、生きていくのに必要な働きを担っています。生きるか死ぬかの二択しかなく、もっとも原始的な脳とも言えます。

二層目の大脳辺縁系は「感情の脳」。喜怒哀楽の感情や快、不快、幸せな気持ち、本能や欲求、欲望なども大脳辺縁系で生まれています。つまり、感情は大脳辺縁系で発生しているのです。

一番外側にある三層目が大脳新皮質で、いわゆる「人間の脳」「知性・理屈の脳」と呼ばれます。理性、思考、言葉などの働きを担い、本能や感情をコントロールできるのは大脳新皮質のおかげと言われます。**「その氣」を起こすためのイメージ**というのはこの大脳新皮質が司《つかさど》ります。イメージ処理を担当しているのは、この中の「右脳」です。

ちなみに右脳は音楽、幾何学、発想など芸術的な分野に関連し、左脳は、言語、計算、理論など論理的、概念的な思考を行っています。また、右脳と左脳はそれぞれが独立して働いているのではなく、2つの脳をつなぐ「脳梁《のうりょう》」という神経線維の束を仲介させて情報交換をしながら働くと考えられています。

感情の発信源は扁桃体

脳の構造から見てもわかるように、思考・論理やイメージを担う「大脳新皮質」は、感情が発生する「大脳辺縁系」を覆っています。つまり、土台部分に感情があるため、当然ながら論理やイメージに大きく影響を与えているということです。

このように**脳の構造を見ていくと、「千年ノート」に、夢や感謝、感動、そしてわくわくすることだけを書き込む**ということの大切さが理解できるのではないでしょうか。

さらに「生きるための脳」である脳幹と「感情の脳」である大脳辺縁系は、私たちの意志では自由にはならない無意識の領域にあります。この2つの脳を結びつけているのが、1センチほどのアーモンド形をした神経組織の集まりである「扁桃体」です。そして、この扁桃体が感情の発信源、感情を作り出す中心的な働きをしているとされているのです。

扁桃体は、何かを見たり聞いたりした時、それが生命維持に関係する重大なものかどうかを一瞬のうちに評価します。つまり、感情は、扁桃体が判断した評価を体に伝えるメッセージとしての役割を果たしているということです。好ましい対象には快の感情、好ましくない対象には不快な感情が発生し、それによってその後の体の状態、行動が変化するのです。

例えば、熊を見た時に人間は「怖い」という感情が湧き、瞬時に

「逃げる」という行動をとります。これは扁桃体の「命の危険がある重大なもの」という評価を「怖い」という感情で発信し、「逃げる」という行動を体に起こさせるということです。また、空腹時に食べ物を見ると、瞬時に幸せを感じ、リラックスするのも扁桃体の評価を基に「嬉《うれ》しい」という感情を発信した結果です。

感情の根っこには扁桃体の「快・不快」の判断がある

このように扁桃体が判断した「快・不快」を受け取った「感情の脳」である大脳辺縁系は、それに基づいて、その場に相応《ふさわ》しい感情を作り出しているのです。

つまり、すべての感情の根底には扁桃体の「快・不快」の判断があるということです。三層構造の脳はお互いに情報交換しながら働いていますので、扁桃体の「快・不快」の判断は、一番外側にある大脳新皮質にも伝わります。すると、思考やイメージにも「快・不快」の判断が影響を与えてしまうのです。これは、人間は感情と相反する思考やイメージを持つことは非常に難しいとも言い換えられます。

例えば、経済的にひっ迫していて、今月の家賃や食費の工面に悩んでいる人がわくわくしたり、重篤な病気の家族がいる人が幸せな家庭の姿をイメージしにくいのと同じことです。

人間は、幸せで楽しい、わくわくするという「快」をモチベーションとして生きるのが本来の姿です。しかし、扁桃体が「快」の判断をしなければ、本当の意味でのポジティブな思考もイメージも起こることはないということです。

大きな夢をあなたがイメージしたとしても、イメージを現実にする能力の土台ができていない人は心のどこかで「ムリだよね」「できるはずないよね」などと思いがちです。すると、大脳新皮質の右脳は失敗のイメージを描いてしまいます。そのイメージはすぐに大脳辺縁系が受信して、不安や恐れなどの「不快」の感情を生み出し

扁桃体は「快・不快」の判断をする

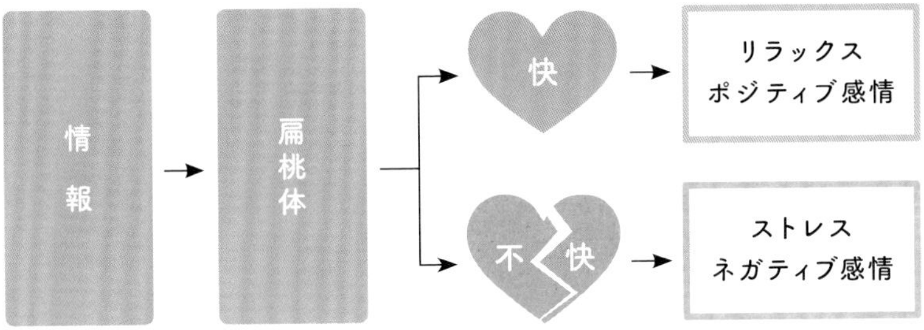

ます。さらに、その「不快」の感情が大脳新皮質に再度届けられると、今度はどうやったら失敗を回避できるのか、そればかりを思考しはじめるのです。これでは、夢の実現は難しいと言わざるをえません。

このように脳に入ってきた情報は扁桃体で「快」と「不快」に大別されます。すると、「快」に入った情報はリラックスやポジティブ感情の記憶となり、「不快」に入った情報はストレスとネガティブ感情の記憶となって蓄積されるのです。

繰り返しになりますが、ここで重要なのは、すべてが感情をともなった記憶データとして脳にどんどん蓄積されていくということです。そして、この感情がともなった記憶データに基づき、大脳新皮質は思考しイメージするのです。つまり、感情をともなう過去の記憶から、すべてが連動していくということなのです。

「よりリアルなイメージ」で書き換える

不運続きで悪いことばかりが起こるという人は、不快な記憶データが大量に蓄積され、そのデータを基に物事を判断する回路ができてしまっています。このため、負のトンネルからなかなか抜け出せない状況です。

また、子どもがよい成績に達しないのも同様です。これは根本的に勉強ができないのではなく、過去に悪い成績になった時に、叱られたり、凹《へこ》んだり、バカにされたりするような不快な記憶データが大量に蓄積されていることが原因ということも多いのです。また、よい成績の時に、褒められたり、嬉しかったり、達成感を得たりした快の記憶が少ない結果、勉強自体によいイメージがないのです。

目的を達成したい、夢を叶えたいというなら、まずは「快」の記憶のデータを増やすことが重要となります。また、脳は漠然としたイメージ、曖昧《あいまい》なイメージでは、過去の「不快」の記憶のデータに負けてしまいます。成功者が次々と成果を上げていくのは、過去の成功体験とともに、その成功による達成感や幸福感を得て、嬉しい、楽しいといった感情がともなったイメージが非常にリアルだからです。成功者のようなリアルな感情をともなう成功イメージを描くことができれば、過去の「不快」な感情のデータを書き換えることもできると言えるのです。

右脳を使ったノート作りで「快」の記憶を増やす

ノートにはわくわくするもの、感動するもの、大好きなものなどを書き込みます。そのページを見るだけで、心地よくなったり、嬉しくなったり、あるいは「その氣」になったりするものです。ページを開くだけで、「快」の感情がイメージできるもので溢れている「千年ノート」を見れば、**いい気分の状態にすぐに戻れます。**

「千年ノート」では、写真やイラストなどビジュアルを多用して、よりイメージしやすいページにすることをすすめています。これはビジュアルでイメージするのは右脳の得意分野だからです。感情脳と大脳新皮質の右脳は連動していることは前述しました。つまり、右脳を使って「快」の情報がすぐにイメージできるページを作れば、その下にある感情脳にもその情報が伝わるのです。

「千年ノート」を作り、ページを眺め続けることで「快」の記憶をどんどん増やしていきましょう。脳はイメージと現実を錯覚しやすい性質があるのです。わくわく！　感動！　大好き！　といった「快」の感情を常に持ち続けることが大切です。

よりリアルにイメージすること――。

日々のノート作りで、自分の希望や目標、夢をリアルにイメージしてください。それは、成功者のように、成功をリアルにイメージできる脳作りを強力にサポートしてくれるはずです。

すると何が足りなくて、何をすべきかといった具体策も自ずと見えてきます。これを一つひとつ思考し、考えていくのは左脳の役割です。つまり、**右脳を使った「千年ノート」作りで「快」の記憶を増やしてから、左脳でしっかり思考し、希望や目標、夢を実現していくということです。**

最初にとりかかるべきはイメージであり、思考ではないということを忘れないでください。

「千年ノート」を最高のあなたを引き出すトリガーに！

日々の生活の中では嫌なこと、ストレスなこと、つらいことなど自分がネガティブになる出来事もあるでしょう。しかし、それに飲み込まれてはいけません。日常生活の中でもネガティブなものはできる限り回避して、わくわくする事柄に注目するよう意識してください。

「千年ノート」は誰でもどこでもできます。ノートの中に、よい言葉やわくわくする写真やイラストなどのビジュアルを取り入れて、自らを「その氣」にさせていきましょう。すると、ネガティブなことに気持ちを向けたり、マイナスに反応することも自然に減っていきます。**ノート作りを習慣にすれば、例えあなたがネガティブ思考の人であっても驚く変化を実感できるはずです。**

イラストや写真などのビジュアルを多用すると、鮮明にその時の状況や気持ちを思い出すことができます。さらに、そのビジュアルが引き出しの取っ手となり、その前後の出来事までリアルに引き出す効果もあるのです。

「千年ノート」を最高のあなたを引き出すトリガーにしてください。
ノートを開けば、あなたはいつでもわくわくできます。
ノートを開けば、あなたの夢は叶っています。
そこには、あなたの「なりたい自分」がいるのですから――。

第6章

ノートに綴《つづ》る物語で
あなたと世界を一体化する

半径１メートルの風水環境を整える

物事を成し遂げていく人と何事も上手くいかない人の差は一体どこにあるのでしょう？

長年の実践風水鑑定でいろいろなパターンの成功者のお宅に伺い、ひとつの大事な共通点が見えてきました。

それは成功者と呼ばれる人たちは、常に好きなモノに囲まれて生活しているということ。ディズニーランドのように、わくわく、感動を与える波動やエネルギーがあるモノに囲まれているとも言えます。幸せになるための最初のステップとして大切なのが、半径１メートルの風水環境を整えることなのです。遠くのモノより身近なモノが大切です。半径１メートル以内のモノはあなたの人体、精神、すべてにとても影響を与えます。身近に置くモノを間違えないようにしてください。

すべてのモノは波動、エネルギーを持っています。それが自分に合ったモノなのか、合わないモノなのかを判断し、自分に合うモノをなるべく近くに置くようにしましょう。その一番簡単な方法が、成功者のように好きなモノを身近に置くということです。

とはいえ、好き嫌いはある程度判断はつきますが、好きでも嫌いでもないモノも存在します。人から「これはよいモノだから！」といただいたけれども、どうしても好きになれない、興味を持てないモノもあるでしょう。モノ自体とのつながりがないのですから、当然といえば当然です。

高価なモノだから、貴重なモノだからというだけでは、好きにもなりませんし、興味も持てません。大事にすることさえできないかもしれません。これは、あなたがモノとのつながりを何も持っていない、ということ。成功者は自分の持ち物を価値あるモノとして語る物語を持っているのです。

自分の半径１メートル以内のモノに、よいイメージを持つことができれば、あなたはそれに興味を示し、好きになり、大事に扱うようになるはずです。そのためには、モノが持つ物語を知ること。すると、モノのイメージを明確に持てるようになっていきます。

どんな歴史や由来のモノか、誰が使っていたモノか、どんな会社が作っているのかなどを調べるだけでも、自分が持っているモノの中で、愛着が湧いたり、大事にしようと思えるモノはどれなのかが自ずと見えてくるのです。

モノはあなたと波動共鳴する

第４章で述べたように、女性やお母さんが、お家の波動調整をすることがすべてのはじまりです。これまでは「運が上がるから」などと、人から言われたモノを家の中に置けばいい、といった考え方をする人が多かったのではないでしょうか。

例えば、風水アイテムを飾る時にも、そのアイテムの意味をわかっていなければ、意味がないのです。風水アイテムと言われる八面鏡も、なぜその方位に置くのか、なぜそのような形をしているのかなど、必ず意味があり、だからこそ開運アイテム、風水アイテムと呼ばれるのです。また、風水に限らず、同じモノであっても、大好きな場所で買った思い出の品と、単純に安かったというSALE品では思い入れが違うのは当然です。

モノには必ず物語があります。その物語があなたと合っているかどうか、共鳴するかどうかなのです。身に着けるモノも含め、家の中に置くモノは､共鳴するかどうかを基準に選択することです｡たったそれだけでも、お家の波動調整をすることができるのです。

「類は友を呼ぶ」という諺《ことわざ》があります。知らないうちに似たもの同士が集まるという意味で、同類は同類を呼び、よい人のところにはよい人が、悪い人のところには悪い人が共鳴して集まってくるということです。これと同じことがモノや環境でも起こり、似たモノ、環境が共鳴し、引き寄せてしまうのです。私にも環境が共鳴した経験があります。昔、古本屋に足しげく通い、古本ばかりに囲まれて過ごした時期がありました。昔のよい書物には知恵がたくさんあり、学びを深めていくにはとてもよいのですが、古本ばかりに囲まれていると私自身が古臭い年寄りじみた雰囲気の古本に似てきたのです。P12のBeforeの写真を見れば納得でしょう。ですから、持ち物、環境はあなたと共鳴現象を起します。

あなたの周りにはどんなモノ、環境がありますか？　散らかった部屋の中で、いつ購入したかわからない興味もないモノ、あるいはよいイメージのないモノばかりに囲まれていると、あなたは、そのモノ、環境と共鳴してしまいます。これが半径1メートルの風水環境を整えることが大切だという大きな理由のひとつです。

モノがあなたに語りかけてくれる

何百年もの間、生き残ってきた陶器や美術品は、あらゆる天災・人災を乗り越えてきた歴史、物語を持っています。ですから、そのモノ自体が強運と言えるのです。

また、作者が心をこめて作成したモノは、それ自体の波動も高く**“音打ち”があるため、作者が亡くなっても音を打ち続けます。つまり、時を超えて振動し続けているため、**そのエネルギーはとても高いとされています。このような音打ちがあるモノを身近に置く癖をつけてください。美術品などの高価なモノだけでなく、心がこもった手作りの品にも強力なパワーがあります。

自分の身の回りのモノや環境にもっと意識を向けてください。SALE品で思い入れのないモノ、物語もなくイメージのよくないモノばかりを置いていては、あなた自身がそれらに共鳴してしまいます。ですから強運なモノ、パワーのあるモノを持ち、それらに囲まれた環境に自分自身を意識的に置くことを心がけましょう。そして、**そのひとつが夢と感謝と感動、わくわくが詰まった「千年ノート」なのです。**

もう一度、自分はどんなモノに囲まれ、どんな環境にいるのか、身の回りを見渡してみてください。

自分は、わくわくしたり、感動したり、幸せを感じるモノや環境を持っているか——。

自分が持っているモノや環境は、今の自分の波動、エネルギーを表します。それらのモノや環境があなたに語りかけている声を聞きましょう。まずはノートの中に「物語ページ」を作り、自分が長年愛用しているモノについて調べることからはじめてください。そこで、あなたとモノとの多くの共通点を発見してみましょう。

「千年ノート」で人生のミッションを発見！

これまでの成功哲学では、目標を持つ、ミッションステートメント、行動指針を作るのがセオリーでした。20年前の左脳型の男性社会では確かにこれは合っていたでしょう。しかし、現代社会は右脳型のイメージ、情報が広がる女性優位な社会なのです。

論理的な目標設定などは、男性脳にはできても、女性のように右脳の感性が優先される人には少しハードルが高くなるかもしれません。目標を明確にしたほうがいいのはわかっていても、なかなかそこから先に進めず、挫折したという人が多いのではないでしょうか？

しかし、**「千年ノート」の３大メソッドのひとつ「物語ワーク」をすれば解決されます。**

「千年ノート」の中に「物語ページ」を作り、長年自分が大事にしているモノ、長く付き合っているモノを調べるだけで、明確にそれらがわかってしまうのです。

例えば、自分の持っている信念や、どうしても譲れないことが、そのモノを作っている会社の創業者や企業の理念とピッタリ合っているということが数多くあります。まるで自分の取り扱い説明書のように、**自分のミッションステートメント、行動指針、目標がそこに書かれていることに、驚く人も多いはずです。**
「物語ページ」を作るだけで、これらを見つけることができることは「千年ノート」の最大の魅力でもあるのです。

モノを調べる3つのポイント

モノを調べるにはポイントがあります。
それは次の3つです。

ポイント❶ 歴史
そのモノが発祥した時期や場所、何をするために誕生したのかなどについても調べてみましょう。

ポイント❷ 愛用者
著名人に愛用している人がいないか調べてみましょう。例えば、私が「千年ノート」として愛用しているモレスキンノート。このノートは作家のヘミングウェイやブルース・チャトウィン、画家のピカソやゴッホなど世界的著名人、芸術家に愛され、日本でも多くの愛用者がいることでも知られています。あなたと愛用者の共通点を調べてみると、新しい発見やつながりが見えてきます。

ポイント❸ 理念
そのモノを作っている会社やブランド、作家や職人が持つ理念です。あなたが気に入ったモノということは、この理念に共鳴する何かがある可能性があります。

3つのポイントを調べることで、モノが持つ物語が見えてきます。次にその物語とあなた自身とのつながりを見つけてください。

モノを調べることで、そのモノが持つ物語と自分とのつながりによいイメージを持つことができれば、それはあなたと波動の合うモノということです。近くに置いて愛用することで、あなたによい波動、エネルギーを与えてくれる開運のアイテムとなっていきます。

このモノを調べるポイントは、人間関係でも応用できます。私が出会った成功者のみなさんはとてもコミュニケーション上手でした。そしてその多くは、相手の方に興味を持ち、**その人のよい点を聞き出すことに長《た》けているのです。これが、コミュニケーション上手と感じさせる最大の理由です。**よい人間関係を築くためには、まずは自ら歩み寄ることが必要です。相手はどんな人なのか（歴史）、どんな人々と交流があるのか（愛用者）、どんな思想・信念を持っているのか（理念）など、あなたとの共通点を見つけてください。相手と自分とのよい物語をイメージできるなら、さらに人間関係は深まっていくでしょう。

偉人や尊敬する人とのつながり

「千年ノート」の物語ページはモノだけでなく、尊敬する人や偉人、大好きなミュージシャンやアーティスト、アスリート、俳優、文化人、経営者などでも作ることができます。自分との共通点はもちろん、名言や感動エピソードなどを盛り込んでみてください。

歴史上の人物はもちろん、会ったこともない人であっても、自分との共通点から、何らかのつながりを見《み》出《いだ》すことができるはずです。モノや偉人たちとのつながりを感じることは、あなたという木の「根」となって、しっかりとあなたを支えてくれます。先祖とのつながり、自然とのつながり、家族や仲間とのつながりなど、さまざまなものとのつながりを理解することで、不安や恐れを感じることもなくなります。「千年ノート」には、あなたの土台、土壌を作り上げるという大きな役割もあるのです。

「物語ページ」の作り方

私の「モレスキン」の物語ページです。私が「千年ノート」に使っているモレスキンノートを調べることで、モレスキンの持つ美意識、歴史的偉人や芸術家とのつながりが見えてきました。

「千年ノート」にはルールはありません。自由自在に楽しみながら作っていくのが一番です。それでもどうやって作ればいいかわからないという人は、前述したモノの調べ方のポイント「歴史」「愛用者」「理念」について写真やイラストとともに書き込んでみましょう。歴史のあるメーカーやブランドの商品であれば、まずは会社のホームページを閲覧してみてください。そこには、創業理念や会社の歴史などが、写真とともに紹介されています。難しく考える必要はありません。楽しみながら自分だけの物語ページを作ってください。

有名な絵画や人気小説が世に出る前の貴重なスケッチ、走り書き、ストーリーやアイディアを記録してきた伝説のノートを蘇がえらせたモレスキン。2世紀の間、芸術家や思想家に愛されてきた伝説的ノートブックの相続人であり継承者に自分もなれる。そんなロマンを感じさせてくれる。

愛用者である歴史的偉人たちを大河の流れのイメージで作ったパート。よい流れの中に自分がいれば、出会いが変わるもの。この大河の流れの中の一滴として同じ流れの中に自分も加わることを表している。

年間1300万冊を売り上げるノートの歴史を調べていくと、「製品には“物語”があることが重要である」というアイデアからミラノの出版社が蘇がえらせたとある。“物語”というキーワードが「千年ノート」とのつながりを感じさせる。

物語ページ❶

スティックのりから、ご先祖様とのつながりに気づく

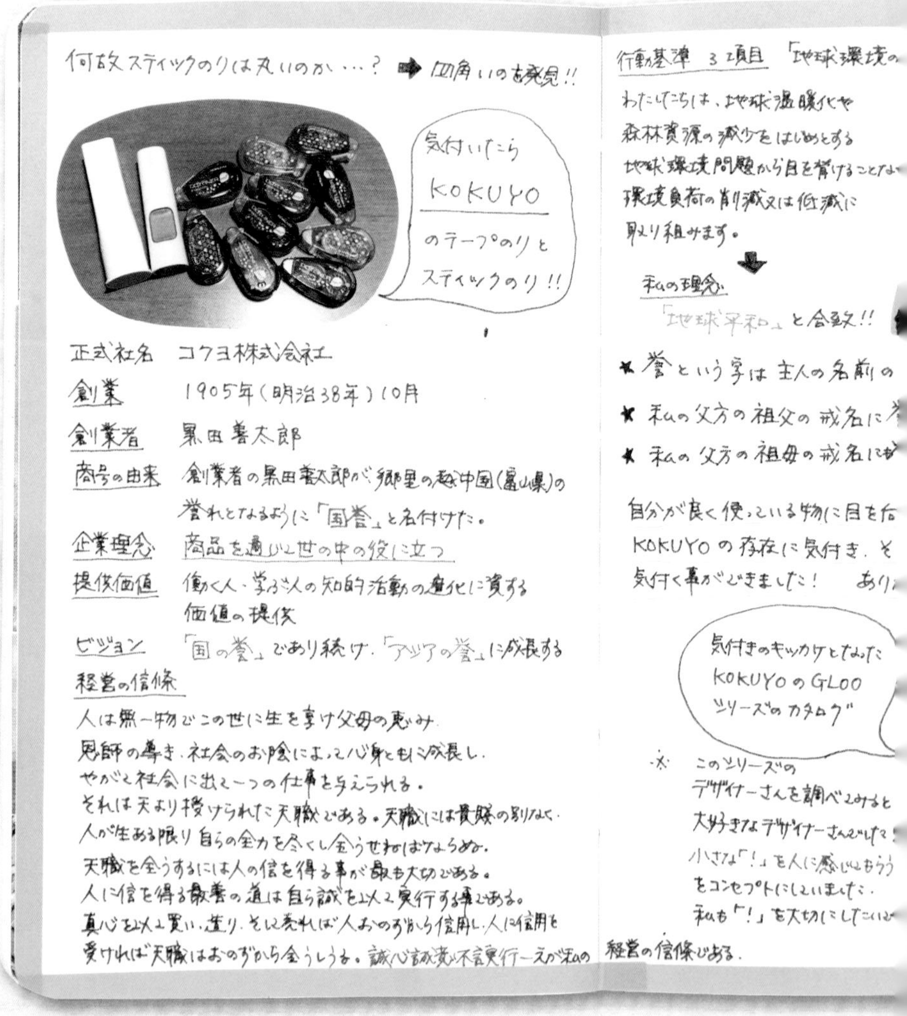

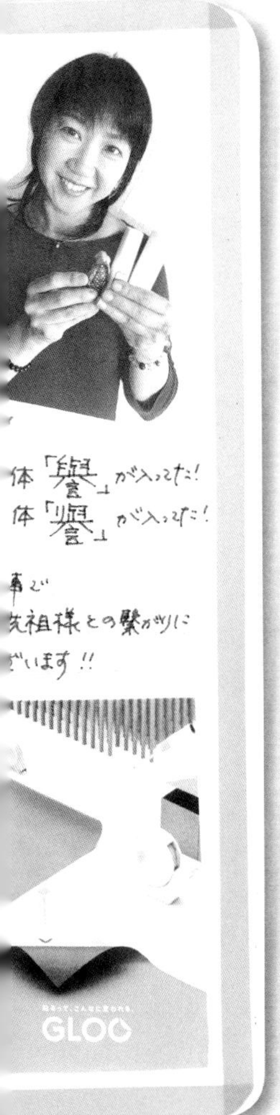

これは板本《いたもと》りつさんのKOKUYOの「物語ページ」です。

彼女がこのページを作ろうと思ったきっかけは、紙の角までしっかり貼れるスティックのりを見つけたことでした。「千年ノート」を作りながら「スティックのりは丸い形状が多いけど、どうして紙の角まできっちり貼れる四角いのりを誰も作らないんだろう?」と常々思っていたといいます。そんな時、見つけたのが紙の角までしっかり貼れるスティックのりです。それはGLOOという"貼る"ことにこだわったブランドでスティックのりやテープのり、瞬間接着剤、テープカッターなどがシリーズとして販売されていました。

早速カタログを取り寄せ見てみると、デザイナーはカナダ出身の日本人。板本さん自身がカナダに縁があったこともあり、何かつながりを感じたといいます。そして、このGLOOがKOKUYOの製品だったのです。さらに彼女が持っているのりを見直してみると、気づいていませんでしたがKOKUYO製品ばかり。それがきっかけとなり、KOKUYOについて調べることにしたと言います。

調べてみるとさまざまな共通点、つながりを発見することに。まずはKOKUYOの行動基準に〈地球環境の保全　わたしたちは、地球温暖化や森林資源の減少をはじめとする地球環境問題から目を背けることなく、環境負荷の削減又は低減に取り組みます〉とありました。これは彼女が理念とする「地球平和」とピッタリです。さらに歴史を調べると〈国の誉であり続け、アジアの誉に成長する〉というビジョンの元、「商標」を「国誉」に変更したとありました。実はこの「誉」という字は彼女の夫の名前の一文字。それだけではありません。父方の祖父母の戒名には、何と誉の旧字体である「譽（譽）」が入っていたのです。

自分が普段よく使っているモノに目を向けることで、板本さんは夫やご先祖様とのつながりに気づくことができたのです。何気なく使っているモノたち。それは偶然ではなく、そこには何らかのつながりがあることを物語ってくれるエピソードではないでしょうか。

物語ページ❷

使うほど波動が似てくる RIMOWAのスーツケース

私が今、愛用しているスーツケースはRIMOWAの「ORIGINAL オリジナル（TOPAS トパーズ）」。出会ってから7年ほどになります。そして、これは私のRIMOWAの「物語ページ」です。人生がうまくいかない頃の私は、1万円もしないキャリーケースを使っていました。ところが、1年に2回はキャスター部分が壊れ、修理に出さなくてはいけない状態でした。

一方のRIMOWAを7年使い続けて実感するのが、とにかく丈夫だということ。世界中を一緒に旅していますが、まったく壊れないのです。そしてRIMOWAに出会ったおかげで、スーツケース同様、私自身の心も体もとても丈夫になっていきました。それまでは、すぐに疲れたり、風邪をひいたり、腰が痛かったり……。ところが、今では風邪もひかず、疲れもせずに、腰も痛くありません。歳は重ねているというのに7年前よりもはるかに健康なのです。人間も含め、モノにはすべて波動があります。そしてモノを使えば使うほどにその波動は似てくるものなのです。身の回りのモノの波動と似てくることをこのスーツケースは私に実体験として教えてくれました。

RIMOWAの歴史を調べてみると、1898年に創業され、最初の製品は、軽さと頑丈さが特長の木製スーツケース。はじめてのアルミニウム製トランクは、創業者の息子、リヒャルト・モルシェック（Richard Morszeck）が生み出し、ブランド名RIMOWAは、彼の名前の頭文字が由来だといいます。耐久性、高級感、そして使い込むほどに味が出るのが特徴です。各界で一流の感性を持つ愛用者が多く、フィギュアスケート界では羽生結弦《はにゅうゆづる》選手や浅田真央《あさだまお》さん、野球界では松井秀喜《まついひでき》さんやイチローさん、芸能界では福山雅治《ふくやままさはる》さんもその一人です。RIMOWAと同じようにみなさん、ファンから長く愛され続ける超一流の人たちばかり。やはりモノの波動に、それを持つ人は共鳴してしまうのです。

物語ページ ❸

皇室とのつながり、魂を込める大切さ

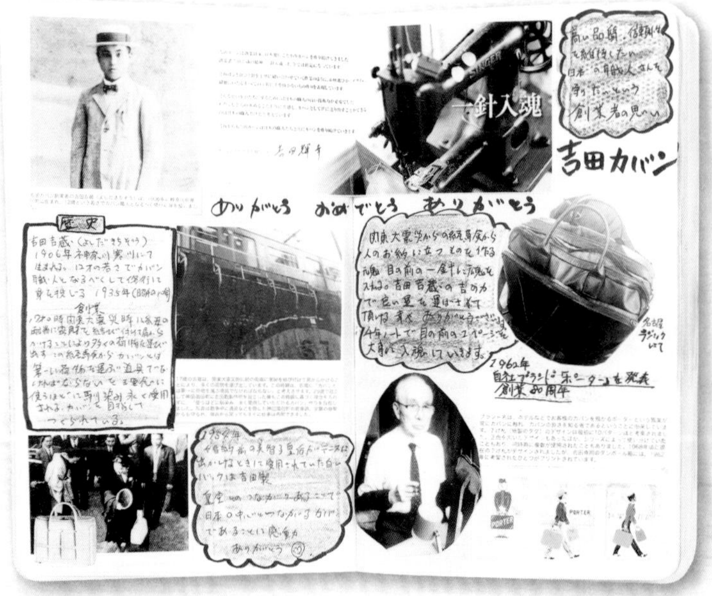

私の吉田カバンの「物語ページ」です。

吉田カバンはメイドインジャパンにこだわり「一針入魂」でカバンを作り続けるメーカー。創業者は吉田吉蔵《よしだきちぞう》さんという方で、「吉の田んぼに吉の蔵」というそのお名前を知っただけで、もう私の中ではよいイメージができあがりました。すべてはイメージですので、モノによいイメージを持てることは、とても大切です。

目の前の一針に魂を入れることを大切にされていた吉蔵さんの思いを知ることで、「千年ノート」の１ページに魂を込めることの大切さに改めて気づくこともできました。また、ご結婚前の美智子《みちこ》上皇后陛下がテニスにお出かけになる際に愛用されていたエピソードから、皇室とのつながり、日本の中心とつながるカバンでもあることを発見し、さらにこのカバンが好きになりました。

第7章

実践編
「千年ノート」の作り方

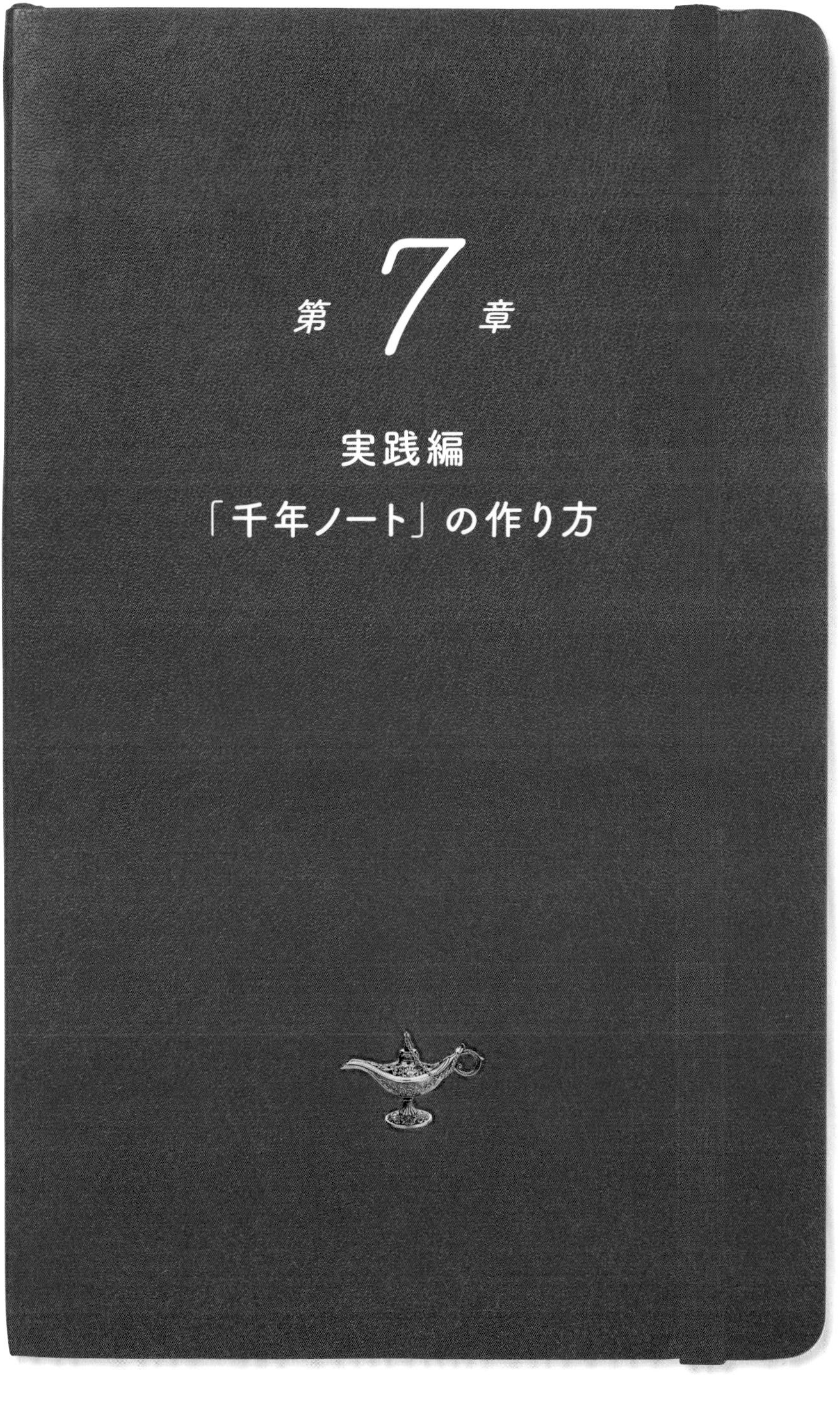

8つのメリット「千年ノート」

「千年ノート」が
もたらしてくれるメリットを
8つピックアップ！
ノートを書き続けるだけで、
誰にでも手に
入るものばかりです。

メリット❶

「つながり」による土壌作りで不安を解消する

私たちはみんな、さまざまなものとの「つながり」を持って生きています。ノートを書き続けることで、自分との「つながり」を発見し、確認することができます。そのことが、自分の土壌、土台を作り、大きな安心感となり、あなたの不安を解消してくれます。

メリット❹

「感謝日誌」で達成感や自己肯定感、自信がつく

感性が高いほど人生は豊かで楽しいものになります。幸せは感じる力の中にあるのです。ノートに日々の感謝を綴る「感謝日誌」をつけることで、よかったことを感じられる、感謝すべきモノやことに気づく感性とともに、自己肯定感や自信も自然についてきます。

メリット❼

偶然の一致現象・シンクロニシティで潜在意識の世界を体験

偶然の一致現象・シンクロニシティは、日々あちこちで起きています。ただ、これを受け取れる人とそうでない人がいるだけなのです。「千年ノート」を続けていれば、あなたの潜在意識の世界と現実の世界とのシンクロニシティが目に見える形で体験できます。

メリット❷

自分の価値観がノートの中に明確に見えてくる

わくわくする、感動する、幸せを感じるモノ・ことをノートに貼り、書き込んでいくと共通点が見えてきます。それこそが、自分が本当に大切にする、あるいは譲れないモノや考え方なのです。ページが増えれば増えるほど、その価値観は明確になっていきます。

メリット❸

日常的に黄金比の波動、本物の波動に触れられる

「千年ノート」におすすめするのは黄金比サイズであるモレスキンノート。“完成された形”である黄金比のノートを持ち、黄金比の波動、本物の波動に触れることを習慣にすれば、本物を見る目、感性が養われます。すると、良質な選択眼も身についていきます。

メリット❺

自己実現プラス自他実現を応援・祝福できる

ノートの中では自分の夢や目標だけでなく、自分以外の人の夢や目標の実現を応援・祝福しましょう。人の幸福は連鎖します。自分がハッピーになって周囲を応援していると、その波動が周囲に広がり、あなたの自己実現に対しても自然に周囲が応援してくれます。

メリット❻

風水をノートに取り入れ、「その氣」にさせる日常環境を作り出す

ノートの中に玄関、寝室、ダイニング、リビングなどのページを作って、風水を取り入れましょう。ノートの中の究極の風水住宅です。毎日ページを開くうちに、ノート自体が自分の家となり、夢実現に向けて「その氣」にさせる日常環境を作り出すことができます。

メリット❽

「王道の法則」を日常の習慣に落とし込み継続力が身につく

「千年ノート」にはこの世のあらゆる「王道の法則」が盛り込まれています。例えば、与えたものが与えられる「原因と結果の法則」。ノートに感謝を書き込むと周囲から感謝されます。人を祝福すれば祝福され愛されるのです。ほかにもさまざまな「王道の法則」が詰った「千年ノート」だからこそ、続けていくことで、知らず知らずにこれらの法則が身につき、習慣に落とし込むことができるのです。

黄金比がもたらすパワー

「黄金比」という言葉を聞いたことがありますか？　難しい計算式もありますが、端的に説明すれば、人間がもっとも美しいと感じる比率は「1：1.618」である、というもの（正確な黄金比は円周率のように1：1.6180339887…と小数点以下が限りなく続きます）。

例えば、縦と横の比率が1：1.618の黄金比となっている「黄金長方形」。また、黄金長方形にあるすべての正方形の列において、角の点を滑らかにつないでできるのが「黄金螺旋《らせん》」で、渦巻き状になっています。黄金螺旋は、ひまわりの種やオウムガイの殻、台風の渦など、自然界のさまざまなところに存在する自然が作り出した造形美といえます。

また、黄金比は、歴史的な建築物、美術作品、企業ロゴなどでも使われています。そして、「千年ノート」のノートブックとして、私がおすすめしているモレスキンノートも黄金の比率です。

私がモレスキンノートをすすめる最大の理由。それは本物の波動を持っているから。モレスキンノートは約200年前からゴッホやピカソ、ヘミングウェイやブルース・チャトウィンなどの芸術家や作家に愛されてきました。現代でもスティーブン・スピルバーグなどにも愛用されているといいます。モレスキンノートが本物であることはこれらの偉人、成功者たちの愛用品であることが証明しています。

黄金比の巻貝、ひまわり、宇宙の銀河、螺旋などの写真やイラストをノートにどんどん書き込み、貼り付けてください。黄金比を普段使いすることで、それはあなたのお守りになっていきます。

普段から黄金比である「千年ノート」に触れたり、身近に置いておくだけで、その波動が伝わり、良質の選択ができる、本物の感性を身につけることができるのです。

黄金長方形

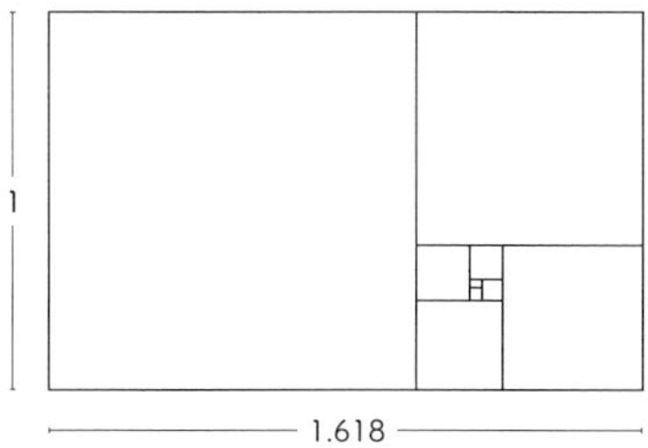

黄金螺旋

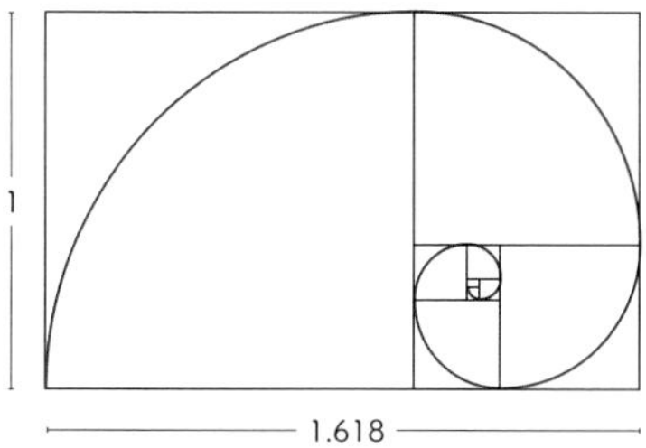

黄金比はさまざまなモノに使われている

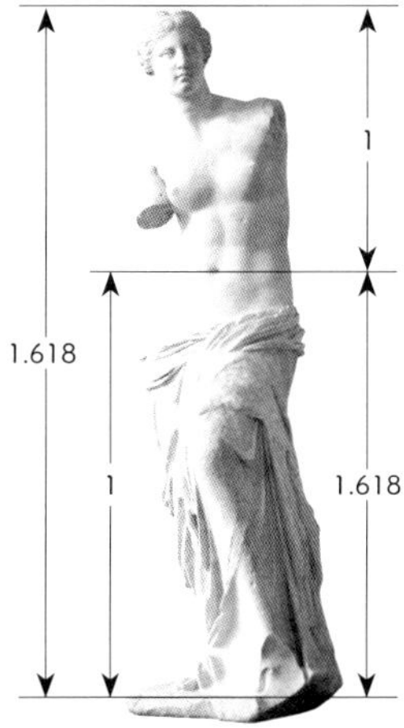

ミロのビーナス、モナリザ、パルテノン神殿（※写真はナッシュビルにある原寸大のレプリカ）など歴史的な芸術作品、建築物、有名企業のロゴなど、さまざまなところで黄金比が使われている。

ハリケーンのほか植物から宇宙まで、自然界のいたるところにも黄金比は隠されている。

モレスキンノートも黄金比のバランス。「千年ノート」として普段使いすることで、その本物の波動が伝わってくる。

あたりまえの中にある幸せに感謝する

あなたの今日1日を振り返り、感謝したい出来事をノートに書いて、脳を幸せな状態、ポジティブな状態にしていきましょう。脳は幸せな状態、ポジティブな状態になると脳内物質であるドーパミンが分泌され、より活発に働くようになります。

まずは、毎日の就寝前に感謝したい出来事を3つノートに書くことを習慣づけてください。これを3週間続けることで、ポジティブに考える脳に変わり、幸せな状態に導いてくれます。

人は、心で思うより言葉にするほうが、印象が深く刻まれると言われています。それは、ノートに書くという行動だけでも同じ効果が期待できるのです。また、プロのアスリートが試合前に繰り返す**ルーティンワークは、潜在意識の中にある絶好調の時をいつでも思い出すための行動です。**これと同じく、「感謝日誌」を毎日書き続けることで、そのページを開いて見るだけで、その時の幸せでポジティブな**脳の状態を一瞬で引き出すことができるようになっていきます。**

中には「毎日感謝することなんてある？」と思う人もいるでしょう。大袈裟《おおげさ》に考える必要はありません。「毎日ご飯が食べられること」「帰る家があること」「家族が大きな怪我《けが》や病気をしていないこと」「仕事ができていること」「子どもたちが元気なこと」などなど。幸せは、あたりまえの生活の中にあるものです。あたりまえの幸せに感謝する気持ちが何より大切です。

幸せは脳が世界をどうとらえるかによって決まります。世の中の悪いニュースばかりに目を向けていると、「悪い世の中」だと脳が思ってしまい、ネガティブな思考へと引き寄せられます。そうではなく、今の自分の幸せをしっかり見つめて、幸せな思考をする癖をつけてください。すると、今まで気づかなかった幸せに気がつく感性が身についていきます。「感謝日誌」で、1日を終える前に振り返る時間を持って、その時には気づかなかった幸せな出来事を見つけ、感謝しましょう。そして幸せな、ポジティブな状態の脳のまま、眠りにつき朝を迎えてください。

また「千年ノート」はありのままの自分、素の自分になる場所でもあります。子どもの頃は誰でも無邪気であるがままの状態だったはずです。年齢を重ねるに従って、悪い思い癖《ぐせ》がペタペタと貼りついてきます。**「感謝日誌」を書いて、心を素直な状態に戻してください。**「感謝日誌」を書くことで、身体《からだ》と潜在意識は、あの当時の純粋で素直な心の状態に戻っていきます。子どものような素直な心が戻ってくれば、感性も磨かれ、さまざまな気づきを得られるように必ずなるはずです。

自分の価値は自分で上げる

残念なことですが、日本には自己肯定感がとても低い人が多いと感じます。大部分の日本人はセルフイメージが低く自分の素晴らしい価値を知ろうとすらしていません。自信を持てず、常に不安を抱えている人も少なくないはずです。

特に幼少期に周囲に自分の可能性を潰すような環境があった人は、本来の自分、輝く人生の素晴らしさを感じる心を取り戻すことが先決です。そういう人に、一番はじめに取り組んでほしいのが「自己肯定ページ」です。

あなたの人生はあなたにしか決めることができません。今の自分に感謝し、自分を受け入れることからはじめましょう。自分の価値がわかった人から、あなたを応援してくれる人、高めてくれる人が周りに現われます。私はこれを経験してきました。

自己実現から自他実現へ

「千年ノート」には、自分の夢や目標だけでなく、人の夢も書いてあげましょう。子どもの夢を書くのもおすすめです。サッカー選手になる、留学して海外で仕事をする、お医者さんになる、など将来の具体的な夢でもいいですし、漠然とした「人の役に立ちたい」などでもいいでしょう。また、目の前にある今の目標などでも構いません。例えば、「逆上がりができるようになる」「運動会で一番になる」「ピアノの発表会でノーミスで演奏をする」など。子どもが日々、一生懸命に取り組んでいることを応援すればいいのです。

多くのお母さんたちは子どもたちに「心配波動」を出して、不安を与えているのをご存知でしょうか。例えば、子どもが受験の時に「本当に大丈夫？」とか「落ちたらどうしよう？」などと、あらゆる心配をするお母さんがいます。子どものことを母親が心配する気持ちはわかります。でも、この心配は波動となって確実に子どもに伝わってしまうのです。その心配を言葉や態度に表すことがなくても子ども自身を不安にさせることを忘れないでください。

そうではなく「受かったらお祝いにレストランに行こうか」と受かった先のことを考えるほうがずっといいのです。

「千年ノート」の「祝福ページ」も同じです。受験を控えた子どものための「祝福ページ」であれば、「○○高校入学おめでとう！」「○○大学入学おめでとう！」と受かった、願いが叶った先のことをページに書き込むようにしてください。あなたのその嬉しい、幸せ波動は必ず子どもに伝わります。

自己実現から自他実現へ。「祝福ページ」であなたの幸せ波動を周囲の大切な人へ送ってあげてください。そうすれば次第にあなたを含め、あなたの周りは幸せ波動で満ち溢れていくのです。

column

「千年ノート」で「幸せが似合う自分」になる

幸せを感じる内容は人それぞれです。それでも、幸せを求めない人はいないでしょう。あなたの求める幸せが何であれ、自分が幸せになる、幸せであるために一番重要なことがあります。

それはその**「幸せが似合う自分」であること**。

では、「幸せが似合う自分」とは何でしょう――。

幸せを感じた時の「自分の心・身体・表情・行動」を思い出してください。それが「幸せが似合う自分」です。そのあなたの状態が幸せを呼ぶのです。「幸せが似合うこと」は「幸せ波動になる」「周波数を上げる」とも言い換えられます。そして、あなたを「幸せ波動」にし、それを育み続けることができるのが「千年ノート」です。

心が幸せ波動に変わると、次のような変化が起こります。

- 本当に大切なこと、求めていることが見えてくる
- 実現したいこと、叶えたい願いを書くと、偶然の一致が起こり、それらが叶うように導いてくれる
- 周囲のサポートに気づき、生きる喜び、感謝の気持ちが増す
- 感動が増え、五感、直感などの潜在能力を育める
- 日常的に黄金比に触れ、あらゆる場面で選択の質が向上する

「千年ノート」は、わくわくしながら夢や実現したいことを考える環境を自然に整えてくれます。それは、あなたの夢を実現する力が大きくなるということです。自由に楽しみながら、あなたのわくわくをノートに詰め込んでください。そのわくわくは、あなたを元気に幸せに、そして夢の実現へと導いてくれるでしょう。

「感謝日誌」

就寝前の45分間で、脳を幸せでポジティブな状態に！

今日、１日を振り返って、感謝したい出来事、感謝したい人、感謝したいモノについてノートに書き込んでいきましょう。感謝することが最初は見つからないかもしれませんが、続けているうちに、身の回りのことすべてに感謝できるようになっていきます。「感謝日誌」を毎日書くことを習慣にすれば、脳が常に幸せでポジティブな状態になっていきます。

おすすめタイムは就寝前の45分間。１日の心の大掃除をして、脳を幸せな状態にしてから、ぐっすりと眠りにつきましょう。

佐藤《さとう》浩美《ひろみ》さん

「ウォーキング中の風景などの写真をノートに貼った」という佐藤さんのノート。中央部分に「○○に感謝」という言葉を並べて。

日付も入れて１日１ページ。家族と自分の何気ない日々の生活の中にある感謝の気持ちを盛り込んだTさんの「感謝日誌」。

年に１回、「千年ノート」を通じて出会った仲間が江の島の海の家に集まる１日を「感謝日誌」にした私のページ。

「感謝日誌」のメリット３

メリット❶ 完成、達成、喜びのアンカリングができる

メリット❷ 集中力が身につく

メリット❸ 無意識に感謝の対象を見つけるのが上手くなる

「自己肯定ページ」

言われて嬉しい言葉を書き込んだページを毎日開く

　自分を自分で「その氣」にさせるために、最初に作ってほしいのが「自己肯定ページ」です。自分の写真とともに、自分が人から言われて嬉しい言葉を書いていきます。もちろん自分のいいところを書いてもOK。ただし、「センスがよくなりたい」「笑顔が素敵な人になりたい」といった願望であっても、「センスがいいね！」「笑顔が素敵だね！」と既に今のあなたがそうであるように書くのがポイント。ページを毎日開くことで、それらの言葉は潜在意識に刷り込まれます。

板本《いたもと》りつさん

言われたい言葉を書くのが基本だが、右はバージョンアップ版。「周囲に私のいいところを実際に書いてもらった」と板本さん。

母と私の
母子手帳を
貼って……

子どもに恵まれなかったことで、自分の存在価値を見失いかけたMさんが作った「自己肯定ページ」。母子手帳のコピーを貼って当時の記録を見ることで、「母への感謝の気持ちとともに、自分を受け入れられた」といいます。「自己肯定ページ」は、どんな形であっても構いません。自分を認め、受け入れる形を自分なりに考えてみてください。

「自己肯定ページ」の作り方

❶ 自分の写真を貼る

❷ 人から言われて嬉しい言葉を書く

❸ 毎日、その言葉で自分を「その氣」にさせていく

「祝福ページ」

周囲の人に祝福、応援のパワーを送る

自分の夢や目標だけでなく、周囲の人の夢や目標も応援してください。「類は友を呼ぶ」というように、自分だけがよければいい、という考えをしていれば、そういう人々を引き寄せます。「祝福ページ」で周囲を応援することが習慣になれば、周囲の多くのサポートに気がつき、感謝することが増えていきます。それはあなたの波動が幸せ波動になってきた証拠です。「千年ノート」のページは無限です。縁あってつながりを持てた人々を素直に応援できる自分を作りましょう。

寺田《てらだ》幸子《さちこ》さん

心配波動は出さずに
応援波動で送り出す

寺田幸子さんの「祝福ページ」です。年少の頃は恥ずかしがり屋で、かけっこも先生と手をつないで走っていたという息子さん。しかし、年中の運動会の後、「来年はマーチングバンドの指揮者をやりたい！　リレーでアンカーにもなりたい」と言い出したといいます。「一緒に指揮者の練習をしたり、走ったり、やれる準備は全部しました。あとは、息子はできると信じきろうと、そうなったというページを先に作って、息子と一緒に『大丈夫！　なれるから！』と心配波動は出さずに応援波動で送り出しました」と寺田さん。

そして見事！　指揮者にもアンカーにも選ばれて、当日も大活躍でした。この経験は、寺田さん自身の母としての自信となり、今では「祝福ページ」が寺田家の成功パターンとなっています。

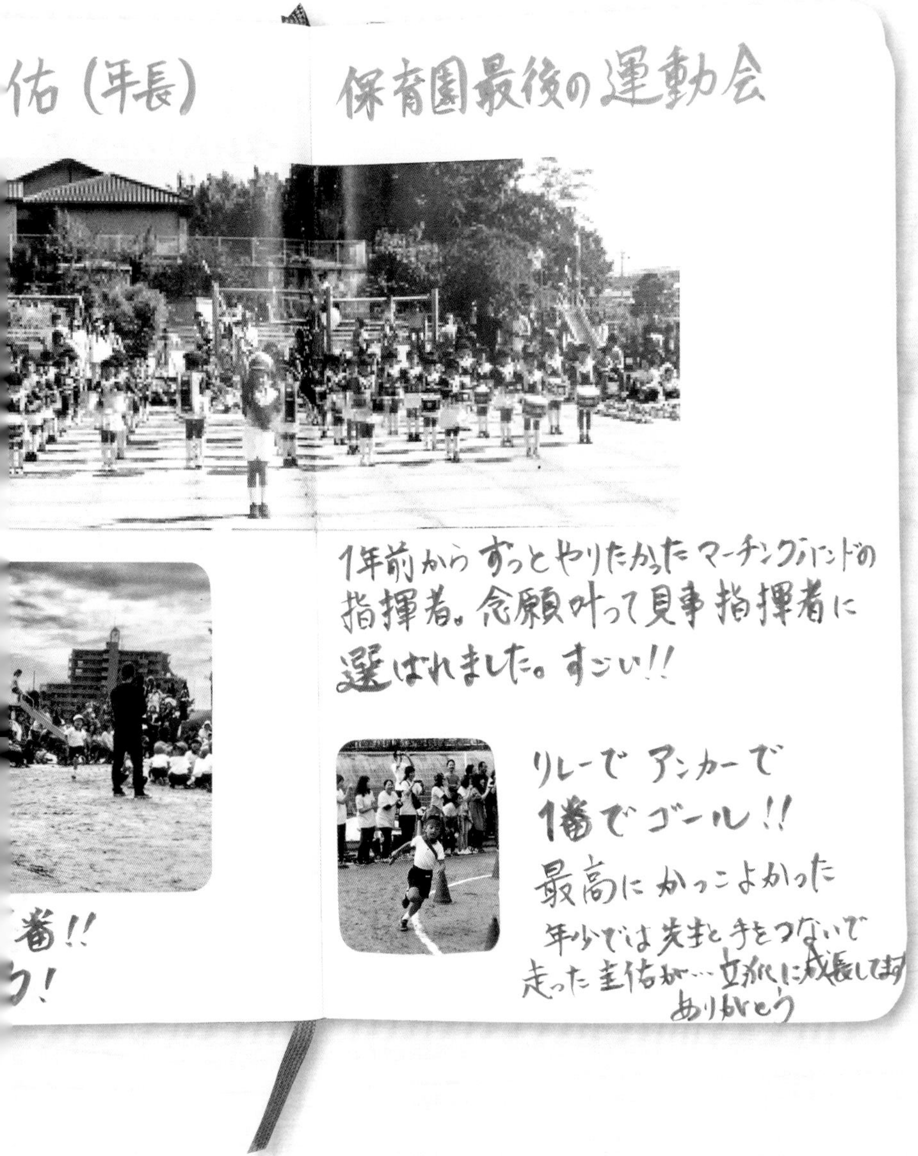
佑（年長）
保育園最後の運動会
1年前からずっとやりたかったマーチングバンドの指揮者。念願叶って見事指揮者に選ばれました。すごい!!
リレーでアンカーで
1番でゴール!!
最高にかっこよかった
年少では先生と手をつないで走った圭佑が…立派に成長してます
ありがとう
番!!
う!

風水を取り入れて理想の脳内住宅を完成させる

風水師は、氣を整えるのが仕事ということは前述しました。

つまり、風水とは、環境の氣を整えるためのものということになります。

自分のいる環境の氣が乱れていれば、思考も乱れ、心も乱れていきます。このことが、恐怖や不安、怒りや憎しみ、妬み……など、さまざまな心の闇を作り出していくのです。あなたの心の闇が増殖していくことで、その闇に引き寄せられるように、アクシデントや挫折、失敗といった不幸の原因となるものがもたらされるという負の連鎖が起きていきます。そうならないためにも、氣を整えることは何より大切なことなのです。

とはいえ、第3章でも述べた通り、日本の現代の住環境では風水を実践するのは難しいのが実情です。また、風水的によいとされる土地を選択するのも至難の業といえます。だからこそ現代に必要とされている風水は、方位や風水アイテムを使った昔ながらの風水ではないということです。

現代に必要とされる風水は、あなたのわくわくや元気、勇気、やる気を引き出し、「その氣」にさせる環境を作り出すものにほかなりません。

「千年ノート」は、風水を取り入れた画期的なノートです。「夢ノート」「ドリームボード」など夢を叶えるためのツールはほかにもありますが、**風水の智《ち》慧《え》を取り入れたのは、「千年ノート」**だけ。オンリーワンのノートなのです。

ノートの中に理想の家を作るイメージで、神棚、玄関、ダイニング、リビング、寝室のページを作ってください。

現実の土地や家、部屋の中で風水を実践しなくても、ノートに思いを込め、毎日ページを開き、書き込み続けることで潜在意識に刷り込んでいきましょう。

現実の世界の家や部屋自体を変えるのではなく、ノートの世界に風水を取り入れ、潜在意識を変えるのです。ページの中に吉相《きっそう》の住宅を作っていけば、潜在意識では、あなたは理想の風水住宅で生活しているのと同じことになるのです。

あなたの意識は「千年ノート」の中にある理想の住宅で生活している——。

このことをリアルにイメージできるようになれば、あなたは、ノートの中の素晴らしい風水環境をいつでも、そして何度でも作り出すことができます。

言い換えれば、風水の智慧を駆使した理想の風水ハウスを自由自在に創造し、望み通りに作り変えながら生活するのと、同じ効果があるということです。

風水を駆使して「その氣」にさせる環境作りを

「千年ノート」の中に風水を取り入れる最大の目的は、あなたを「その氣」にさせる環境を作ることです。

現実の家に住むのはあなただけではありません。夫婦で趣味が異なることもあるでしょう。親世帯と同居という人もいるかもしれません。また、小さなお子さんがいれば、例え理想の風水住宅を建てたり、大好きなアイテムを飾れたとしても、散らかされたり、汚されたりすることもあるでしょう。その度にイライラしたり、残念な気分になってしまっては本末転倒です。

ノートの中であれば、お金がなくても、自由にできる空間がなくても、あなたは誰にも邪魔されず、文句も言われず、理想の風水を施すことができるのです。

ノートの中に風水を❶

神棚

神棚のページがノートをパワースポットに

現代の住宅事情では神棚を置くことができない間取りも多く、神棚を祀《まつ》れないという人もいるでしょう。そんな問題の解決策として提案できるのが「千年ノート」の神棚ページです。神棚をノートの中に作ることができます。どんな場所にいてもノートを開けば神社のエネルギーが蘇《よみがえ》る神棚ページをノートに作りましょう。神社に参拝して御朱印の書き置きをいただけばノートに貼ることができます。健康を害しているなど神社に参拝できない人でも、ノートの中でいつでも感謝の祈りを捧《ささ》げることができます。神社に参拝したら、その歴史を調べ、興味を持ってみてください。興味を持ち、調べることが神社との距離を縮めてくれます。神社の波動をキャッチし、自分なりにその神社の特徴を写真におさめ、自由にページを作りましょう。

熊野三山の奥の宮である「玉置神社」はパワースポットとしても有名。

講演をする際に必ず開いていた奈良県天川村の「天河大辨財天社」のページ。芸能の神様として知られ多くのアーティストが訪れる。辨財天は女性の神様なので、ページの中に紅色のキレイなイメージを取り入れた。米、水、塩、酒の写真も貼ってお供えを。

ノートの中に風水を❷

玄関

玄関は人生の道しるべとなる基盤に

人生の終わりをイメージした時に「私の人生はこんな人生でした」とひと言で言うなら、どんな言葉になるでしょう。玄関ページは、その言葉をビジュアル化することをおすすめします。「まず最初に終わりを考慮せよ」というレオナルド・ダ・ヴィンチの言葉のように、それはあなたの人生の道しるべになっていきます。

いきなりこれが難しいという人でも「千年ノート」を3〜5冊と続けていくうちに、自然とそれは見えてきます。それまでは、ひとまず「今、好きなこと」「今、持っている目標」を入れてもいいでしょう。

クジラは国境など関係なく海を自由自在に優雅に泳ぐ海の王。ハワイの大自然で方位線のない美しい青空と自由自在に泳ぐクジラを見た時、自分の中の常識がパラダイムシフトしたことを忘れないように、そして自分自身も固定観念を外し自由自在でいられる人生であるようにという思いをビジュアル化。日本国旗と君が代の歌詞は、日本という素晴らしい国に生まれたことへの感謝の気持ちを。

大震災ですべてを流した海
生かされていることへの感謝を忘れない

佐藤浩美さんの玄関ページです。左側は宮城県の菖蒲田《しょうぶた》海岸から見た初日の出の写真。とても穏やかな海と美しい初日の出ですが、実はここは東日本大震災で大津波が襲った場所でもあります。震災後、しばらくの間は初日の出を見に人が集まることもありませんでした。地元の人でさえ「何か少し怖い気がした」と佐藤さん。しかし、この年はたくさんの人々が来ていたのを見て驚いたといいます。日の出直後は雲がかかり日も差さないとても寒い朝でした。ところが、初日の出を待ち望む人々の前に、突然、日の柱が水平線の向こうからまっすぐ海岸に向かって現れたのです。そして周囲からはいっせいに拍手がおこり、あちらこちらで手を合わせる人々がいました。その光景を見た時、凍えるような寒さの中、待っていた彼女の心は急に温かくなったといいます。

自然の力を思い知らしめたあの海は、とても穏やかでした。彼女は、忘れないという気持ちとともに、太陽、海、自然への感謝の気持ちを込めてこのページを作りました。生かされていると感じ、悔いなく生きていきたいと改めて思わせてくれた感動の瞬間を切り取った玄関ページです。

ノートの中に風水を③

ダイニング

目から脳に鮮やかな色彩を取り込む

風水では食事はとてもパワフルで即効性の高い開運術とされています。裕福な人たちは食事をする際にも食事をする環境を大事にします。照明にはシャンデリアを飾ったり、食器なども上質なものをそろえ、食事の時間を楽しみながら栄養素以外でも大事なエネルギーを取り入れて運をよくさせます。特にシャンデリアなどは七色の光があたり、色彩豊かな色の力により運気をアップさせます。このようにノートに風水ページを作成することで、忙しい現代人でも裕福な人たちと同じ効果が得られるのです。

野菜の自然の色を活かしたSさんのダイニングページ。
写真を見るだけで「おいしそう！」と思えるページ作りもポイント。

私のダイニングページ。ダイニングにはカラフルな食材や絵を飾ると、瑞々しいパワーを吸収できるので、色を意識して鮮やかな写真を。映像はそのまま細胞のエネルギーに。

ノートの中に風水を❹

リビング

活気や陽の氣を充満させて運気を上げる

お家の中で、リビングに活気や陽の氣を充満させることで、家族の運気を上げてくれます。ノートの中にリビングページを作る場合、自分がわくわくしたり、楽しかった思い出など陽の氣を感じられる写真を入れるのもよい方法です。

例えば、家族で過ごした楽しい旅行の思い出なども、いつでも当時の楽しい気分を思い出せるようにフリーズパック！ ノートの中の幸せ波動があなたの現実と同調するようになっていきます。ペットの写真、子どもの赤ちゃんの頃の写真などもおすすめです。

我が家のもう一人の家族である愛犬・ポン太のかわいい写真を集めたページ。見るだけで笑顔になり幸せ波動が満ちてくる。

「国境がない世界に住めばどこにいても自分の家」「世界中のパワースポットもノートの中に」「そう思ったら、そうなる」など、私の大きな軸となるメッセージを集めたリビングページ。

世界のパワースポットの写真を貼ったリビングページ。実際に訪れたことがなくてもOK。富士山など日本のパワースポットもおすすめ。

間《ま》部《べ》 希《のぞみ》さん

セラピストでもある間部さんのリビングページは圧巻。真ん中に般若心経、その周りに細かく「ありがとう」の文字、その周りは鶴の絵柄の千代紙でデコレーションしたオリジナル曼荼羅。このように「自分の軸となるもの」をリビングページにするのもおすすめ。

ノートの中に風水を❺

寝室

リラックスできる写真で就寝中にエネルギーチャージ！

風水では睡眠時は人生の3分の1を過ごす大事な環境と考えます。就寝時の環境を整えることは、人生を左右させる運にかかわってくるのです。理想的な寝室を作ることができればいいのですが、現代の住宅事情において、なかなか理想的な風水住宅を作ることは困難な時代です。そんな中で提案できるのが、ノートの中の寝室ページです。寝る時に重要になるポイントは、**いい気分**を感じて睡眠に入ること。自分がリラックスした場所や、見るだけで気分がリラックスできる写真などをノートに貼り、睡眠時に開いたままにしてベッドの近くに置くことで、いい気分を感じてください。

神経が疲れている人が多い昨今、アドバイスとしては、風水で神経によいとされる黄緑色を取り入れること。また、理想的なのは穏やかで豊かな山ですが、パワースポットなどの大自然の写真もいいでしょう。

世界有数のパワースポットであるアメリカ・カリフォルニア州の北部に位置するシャスタ山の写真。下には幸せのおまじないを添えて。

私の寝室ページ。上の写真は晴れる日が奇跡とも言われるカウアイ島のヒンズー寺院から見えるワイアレアレの山。風水エネルギーがとても高い写真。年間降水量が世界一と言われる場所で、地球の水源とも呼ばれる。下はブルージェイドの花。ヒスイのような色合いから貴賓が上がるとされている。このページを毎日開いて眠りにつく。

旅に出て、そのわくわく感をノートの中に閉じ込める！

旅先という非日常の時間と空間は、未来の自分を設定するアンカリングの最大のチャンスです。非日常の時間と空間の中では、脳が揺さぶられ今までの固定観念を書き換えるチャンスなのです。旅先で未来の目的を設定したり、旅行先でのわくわく、喜び、楽しさなどをフリーズパックしたノートを作ってください。その喜び波動があなたの人生において、さらに喜び多き未来を引き寄せます。自然に触れる旅は特におすすめです。また、何か問題にぶち当たった時にも、旅に出てください。旅は思考を大きくしてくれます。いつもと違う非日常生活がいつもの思考パターンからの脱却をサポートしてくれます。

旅に出て、そのわくわく感を「千年ノート」に閉じ込めましょう。そのページを開くとその時の気持ちが蘇ってくるはずです。

私の人生を大きく変えたハワイの旅。このページは、ハワイのカウアイ島。大自然の完璧なパワーを存分に受ける癒やしの時間に。

妻と一緒に楽しんだヨーロッパ旅行。偶然見学できた素晴らしい教会に出会えたことに感謝。

ハワイへの旅行で、カウアイ島のフラの女神「ラカ」の神殿を訪ねた時のページ。

偶然の一致を見逃さない！

「千年ノート」を持ち歩き、日々の人々との出会いや、届いたメッセージ、学びや興味を引いたものなどは書き留めておきましょう。後から見直すと、偶然の一致現象、シンクロニシティを発見することが必ずあるはずです。

この現象は、特別な人に起こるものではありません。誰にでも起こっていることなのです。情報社会である現代において、合理的にすべてを考える脳では、偶然の一致現象は見逃してしまうことが多いことでしょう。

偶然の一致に気づき、それが度重なる時。それはあなたの進む道が正しい判断であるサインだと知ってください。

ハワイで何度も現れた鳥のような雲、鳳凰の形をした夕陽、帰国後、鳳凰のようなダイヤモンドの光の写真など、偶然の一致が連続して起きていることをまとめたページ。

シルク・ドゥ・ソレイユとマイケル・ジャクソンの名曲がコラボした「ザ・イモータル・ワールドツアー」の公演。その感動をノートに書き込んだ時、なぜかマイケルの帽子と手袋をイラストに。

公演の数日後に
手にした本物の
マイケルの
手袋と帽子。
これも一種の偶然の
一致現象。

お金を願っても入ってこない本当の理由

お金を引き寄せる、金運を上げる成功哲学や風水など、みなさんも何かしら実践したことがあるのではないでしょうか。そして、やってはみたもののお金がまったく入ってこない経験をした人も少なくないかもしれません。それでは、なぜお金が入ってくる人と入ってこない人がいるのでしょう。

人間の脳は大量の情報を処理しています。しかし、集まってきた情報をすべて記憶しているわけではなく、必要なものだけを処理して記憶に残していくのです。必要なものは、その人の価値観によって決まります。例えば、お金の価値観の優先順位が高い人は、自然とお金に関する情報を集める能力を持っています。逆に重要としない、優先順位が低い人は、お金に関する脳のパフォーマンスは低くなってしまうのです。脳が重要と判断しないことは、どんなに学習してもそれを排除してしまいます。ですから、お金の価値観の優先順位を書き換える必要があるのです。

あなたはお金に対して、どんなイメージを持っているでしょうか。実は、日本人の中には、お金に対して悪い、ネガティブなイメージを持っている人が一定数いるのです。これを楽しい、愛、キレイ、好き、わくわくなどのポジティブなイメージに変える必要があります。そうしなければ、脳はお金の優先順位を低いと判断してしまい、有益な情報をキャッチすることはできません。右上の写真はＹさんが作ったページ。お花畑の中にお金が飛びまわっています。ネガティブなイメージがある人は、このようなページを作ってお金をポジティブなイメージに書き換えてください。

ここではお金のイメージを取り上げましたが、これは恋愛、対人関係、仕事、勉強、家事、子育てなども同じで、ポジティブなイメージを持つことで脳は優先順位が高いと判断するようになります。

1万円札が、お花畑の中を蝶のように舞うポジティブなイメージのページ。笑顔でわくわくしながらページを日々見ていると、次第にお金のネガティブなイメージが書き換えられる。

私のお金に対するイメージが変わったのは、日本を代表する大投資家だった故・竹田和平さんとの出会い。「お金のイメージはお花畑」は和平さんがよく話されていた言葉。

メッセージを受け取る

このノートを使いはじめてから、いろんなことが起きたのは、もう言うまでもありません。最後に「白髭爺さん」のお話をしましょう。

15年ほど前から、夢に白い髭を蓄えた老人がたびたび登場してくるようになりました。何か意味があるのかもしれないと思い、ノートに書いてみたところ、私はそのメッセージをようやく受け取ることができました。

それは人生を変えたハワイでの出来事です。カウアイ島にあるヒンズー寺院は、「アースキーパー」と呼ばれる、高さ1メートル、重さ318キロというクリスタルが祀られている崇高な場所。ここで出会ったスワミ（ヒンズー教でいうところのお坊さん）が夢で見た、まさに白い髭を蓄えた老人でした。点と点がつながり、自分の行動

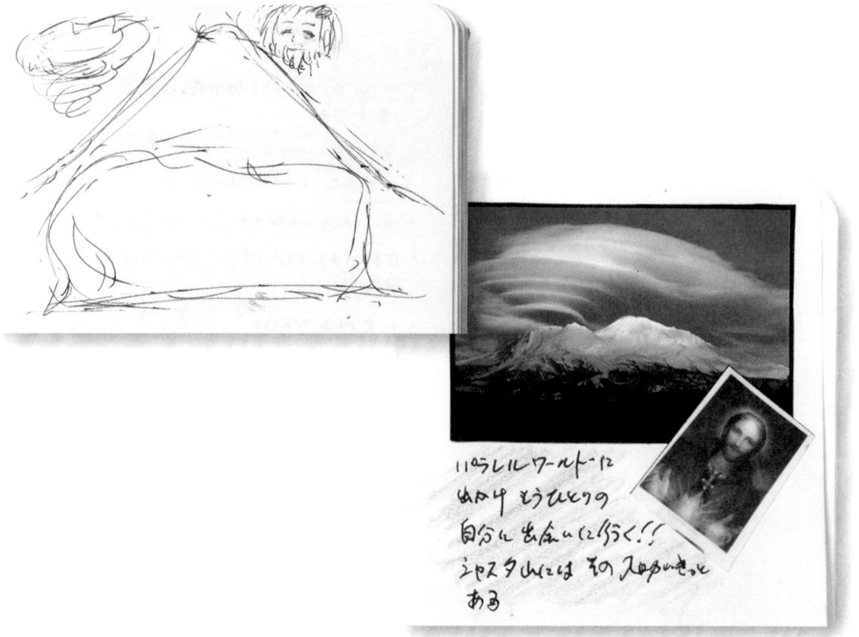

に意味があると確信した瞬間です。私はこの旅で人生を大きく方向転換し、1年の間にすべてのことが変わりました。その後、アメリカの聖地、シャスタへの旅も決まりますが、ここから先のことはもう驚きません。シャスタはスピリチュアルの世界でもっとも崇高な存在といわれる神「セント・ジャーメイン」に一番近い場所とされています。そして、もうお気づきかもしれませんが、セント・ジャーメインもまた、見事な髭を蓄えているとされているのです。

ダ・ヴィンチの言葉「**あらゆるものは他のあらゆるものと関連する**」は、本当にその通りだと実感する毎日です。私たちの“思い”は無限に広がり、何にでもつながる可能性があります。ノートから見えてくるメッセージを見逃さず、想像以上の大きな夢につながってください。

おわりに

私が「風水を仕事として生きていこう」と、思った最初の頃は、当然、まだお客様が誰もいない状態でした。

貯金は減る一方で、いつも不安との闘い。いつのまにか、最初の志よりも不安が上回り、自分の夢だった風水の道よりも安定を望むようになっていました。

成功が確約されているわけではない仕事です。このまま、また貧しくなってしまうのではないか。少ない給料でもいいから安定がほしい。悩むのに疲れた。大きくなる不安。自分を信じきれない……。

不安になった私は妻に「空いている時間、早朝や夜間に掃除の仕事でもしながら、風水の仕事をしようかな」とポツリ。もちろん、本心はそうしたいわけではありません。

その時、妻にこう言われました。

「そんなことはしなくてもいい。自分を信じて、あなたは絶対に成功する」と。

私は自分を信じていませんでしたが、妻は信じてくれていました。そして、その時から私の思考の中は一点の曇りもなくなり、風水師の道へ迷いなく進もうと決心したのです。

今振り返ると、**私の成功をはばんでいたのは、自分を信じていない自分自身でした**。心の底から一点集中し、その道を進めば、力が増し、余分な思考も入ってきません。心の中で不安と戦う暇すらない状態になるのです。

簡単に辞めてしまうのは、使命感がないからです。自分の価値が理解できていない証拠です。

今の私の思考は、世界中の人が「千年ノート」で笑顔になっている姿。この奇跡の体験を、伝えたくて仕方がない。感動と夢と希望を届けたい、と心から思っています。

それが、私が一番楽しい、わくわくする世界なのです。

潜在意識からのメッセージは、**自分が感動し、自発的に行動する時にやってきます。創造という力は、自分が無我夢中になって輝いている時に訪れ、そして私たちがベストを尽くした時に、光明がさすのです。**常に自分で考え、常に好奇心を失わずに、疑問があったら自分自身に向かって尋ねることです。

ノートの中にいるもう一人の自分の声、魂からのメッセージ、直感を受け取り、夢に辿りついてください。

この『千年ノート』を出版するにあたり、全国に広がる仲間たちに心から感謝を申し上げます。この本はみなさんのご協力がなければ完成することはありませんでした。みなさんからいただいた疑問や改善点などがあったからこそ、「千年ノート」はブラッシュアップされてここまでくることができました。

そして、この出版に至るまでに多大なご協力をいただいた松岡さん、実業之日本社の神野さんに感謝申し上げます。

最後に、この世界を私に気づかせてくれた、地球という母なる大自然に、心から感謝いたします。

一般社団法人千年ノート代表理事　岡西導明

岡西導明《おかにし どうみょう》

風水冒険家

1975年生まれ。一般社団法人千年ノート代表理事。愛知県名古屋市在住。20代で占術と出会う。母のうつ病を機に心と身体の関係を学び、現代医学では解明できない心の病の世界を研究する。古神道、修験道、風水、心理学、武道、奇門遁甲、四柱推命、五行易、玄空飛星風水など運命学の分野にも明るく、全国各地に出向いて変化の激しい現代にあった風水鑑定を行なう。現代の住環境では日本人の本来の感性が磨かれない現状を知り、現代住宅でも日本人らしい感性が磨ける生活習慣を実践できる「千年ノート」を考案。一般社団法人千年ノートは発足から約3年で口コミによって驚異的に拡がり、講座講師育成プログラム受講総数1000人を突破。現在、千年ノート普及活動を全国で行なっている。

column

「富の壺《つぼ》」で願いを叶える！

誰かからの嫉妬や邪魔が入らないように、五行の色（青、緑、赤、黄、白）の５枚の紙と同じく五行の色糸で封印した「富の壺」。陰陽を表す鳳凰と龍が描かれパワフルなエネルギーが内在されています。壺の左右、底をノートにのり付けし、袋状に。中に自分だけの秘密の夢、願いを入れれば、風水パワーを取り込めます。お金持ちの写真やイメージのよいエネルギーの写真を入れて壺の中のエネルギーを上げて、オリジナルの元気が出る氣と一緒に夢や願いを入れましょう。

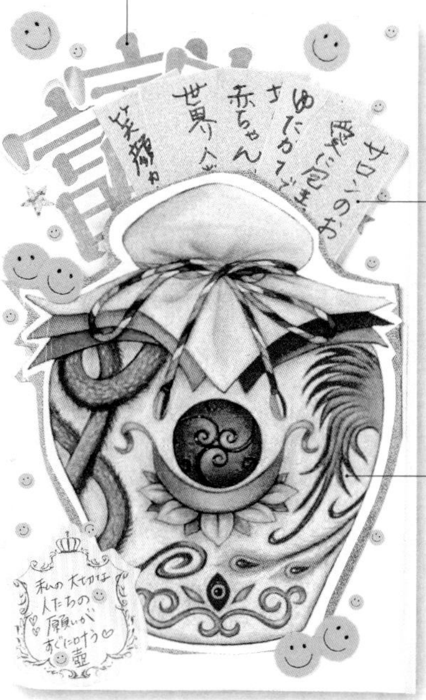

Mさんの「富の壺ページ」。壺の周りには金色の「富」の字や願いが叶ってみんなが笑顔になっているのをイメージしたニコニコマークをたくさん貼って。

自分だけでなく大切な人たちの夢や願いを短冊に書き、「富の壺」の中に。

「富の壺」を切り抜き、上部を残してぐるりとのり付けして袋状に。秘密の願いを「富の壺」の中に入れてしまえば、誰にも見られない！

〈**参考文献**〉
『人望の法則』西田文郎著（日本経営合理化協会出版局）
『少女パレアナ』村岡花子訳・エレナ・ポーター著（角川文庫）

〈**注釈**〉
誌面を構成するにあたり、「千年ノート」を作った時の目的や
気持ちをありのまま伝えるためにそのまま転載してます。

Staff
デザイン　柿沼みさと
構　成　松岡理恵
イラスト　さとう遊
撮　影　真野義正
写真協力　Adobe Stock、pixta
校　閲　朝日新聞メディアプロダクション校閲事業部
編　集　神野哲也

千年《せんねん》ノート
人生《じんせい》をひらく王道《おうどう》の法則《ほうそく》

2020年2月22日　初版第1刷発行

著　者　岡西導明《おかにしどうみょう》
発行者　岩野裕一
発行所　株式会社実業之日本社
〒107-0062　東京都港区南青山5-4-30
CoSTUME NATIONAL Aoyama Complex 2F
（編集）03-6809-0452
（販売）03-6809-0495
https://www.j-n.co.jp/

印刷・製本　大日本印刷株式会社

ISBN 978-4-408-33909-2（新企画）

あなたの夢・願いを叶える「富の壺」

富の氣を強めるパワーがある「富の壺」。誰かからの嫉妬や邪魔が入らないように五行の色糸（青、緑、赤、黄、白）で封印しています。「鳳凰」と「龍」も描かれ、パワフルなエネルギーを内在させているので、この中に願い事を書いたり、中に入れたりすると風水パワーを取り込むことが可能となります。